ピッチングニンジャの
投手論

ロブ・フリードマン＝著

松山ようこ＝訳

Pitching Ninja's
analysis of
Japanese MLB Aces

はじめに　日本人投手がＭＬＢで通用する条件とは？

メジャー市場で高まる日本人投手の需要

近年、メジャーリーグでは日本人投手の需要が高まっています。理由は、まずはやはり大谷翔平の存在です。彼は、メジャーリーグで所属チームに契約金以上の価値を生み出しました。彼が別格だとしても、日本人投手の価値は総じて上がっています。２０２３年にワールド・ベースボール・クラシック（ＷＢＣ）で日本代表が優勝したことで、日本の投手がいかに優秀であるかが、より広く認識されるようになったことも大きな要因でしょう。

大谷が加わったドジャースは、2024年シーズンにワールドシリーズで優勝を遂げただけでなく、その効果以上にスポンサーや広告主から得られる収益も激増しました。このインパクトは計り知れません。

2025年シーズンは、同じロサンゼルスにあるエンジェルスに菊池雄星が加わりました。もし彼が好調なシーズンを送ることができれば、それだけでエンジェルスは収益面で大幅に伸長する可能性があると見られています。他のチームも、日本人投手を獲得した際の影響に以前よりも注目しはじめているのです。

他にも私は、日本のファン層がとても熱心で、野球をよく知っているということも要因にあると考えています。多くの日本のファンは、メジャーリーグを楽しみながら、真剣に観戦しています。マナーも素晴らしく、アメリカ人にも見習ってほしいぐらいです。こうした日本のファン層の存在もあって、MLBのチームが「優れた日本人投手をチームに迎えたい」と考える大きな原動力になっています。優れた日本の選手がチームに加われば、より多くの熱心な日本のファンがチームに注目して試合を観戦してくれるようになります。日本人選手を応援しながらM

ＭＬＢを理解しようとする日本のファンと、そうした日本のファンの思いに応えようと日本人選手を求めるＭＬＢのチームとで、相互に尊重するような流れが、日本人投手の需要増大の後押しをしています。

誰もが異なる投手で個性がある。自分らしさと指導者の重要性

私は日本人投手が、ＭＬＢで成功するための〝秘訣〟のようなものはないと思います。なぜなら全員がそれぞれ独自のスタイルを持っていて、ひとくくりにすることなどできないからです。

私は以前、千賀滉大に「なぜこんなにも多くの優れた日本人投手がいるのでしょうか？」と質問したことがありますが、この問いに彼も「全員が個々の存在なので、決まった要因はないと思います」と語っていました。

重要なのは、それぞれが自身の強みと弱みを理解し、自分がどんな投手なのか

を知ることだと思います。そのためには、ピッチングを構成するすべてのことに対して、真摯な姿勢で取り組むことが肝要と考えます。ＭＬＢで活躍している日本人投手には、そうした姿勢がすでに備わっています。彼らはピッチングに真剣に向き合い、まるでアートのように異なる個性を放っているのです。

幸いにも、ここ最近はＭＬＢ側も、日本から来た投手のために必要なことや整えるべき環境を、以前より理解できるようになってきたと感じています。

以前は「アメリカではこのように投げろ」と型にはめ込もうとする傾向がありましたが、今では各投手がそれぞれのやり方で成功できると理解されています。また、スカウティングやデータなどの情報もかなり改善されたので、日本から投手がアメリカに来た時には何をするべきか、どう適応させるべきかといったノウハウも蓄積されてきました。

昔はそうではありませんでした。野茂英雄が在籍していた時代などは、日本人選手が適応するには相当な苦労をしたことでしょう。イチローも例外ではありません。しかし今は、同じチームに複数の日本人投手や野手がいることも普通にありますし、言語や文化の壁に慣れたコーチも増えています。

ただそれでもなお、言語や文化が異なる土地でプレーすることは難しいことです。アメリカ人投手が日本に行って結果をすぐに出すのが難しいのと同じように、日本人投手がこちらに来てプレーをすることも、決して簡単なことではありません。異国に来たことで「自分の力を証明しなければ」というプレッシャーがかかり、そのことが原因でパフォーマンスに悪影響を及ぼすこともあります。

ダルビッシュ有もメジャー移籍当初は苦労の連続でした。今は「ピッチングの師」と崇められるほどなので思うように投球できますが、十数年前はメジャーリーグのコーチたちも、彼に数多くの変化球を投げるのではなく、3〜4種類ほどで十分だからそれらを極めるよう求めていました。しかし、それは彼のスタイルではありません。彼は多彩な球種を投げ分ける投手なので、そうした指導が彼の力を発揮する妨げになっていました。

だから私は、日本人投手がMLBで活躍するためには、「自分自身を知ること」

と「自分の力を最大限に引き出してくれる指導者がいること」が最も重要な要素に思います。これから紹介する投手も全員がユニークで、それぞれが自分自身をよく理解していると感じます。今のＭＬＢは、彼らが最大限の力を発揮できるよう、それをサポートするためのチームの体制もかなり良くなっているので、相乗効果でますます日本人投手が活躍していくと期待しています。

日本人の強みと日米で重視する評価基準の違い

本書でこの後述べますが、日本はフォークと呼ばれるスプリッターの先進国です。そのため、メジャーで活躍する多くの日本人投手が優れたスプリッターを武器にしています。アメリカでは、「スプリッターを投げると怪我をする」という誤った認識が広まってしまったため、今もあまり投げる人が多くいません。

アメリカでは「スプリッター」と一括りにしていますが、スプリッターは速度もスピンも様々です。千賀滉大の「お化けフォーク」、佐々木朗希が投げる「ジャイロスプリッター」、その逆のカット気味のスプリッターなど、日本人投手のスプリッターには独自性と多様性があります。

これまでスプリッターに対する誤解が、アメリカにおけるスプリッター活用の進化を妨げてきたので、メジャーリーグの打者は日本から来た投手のスプリッターに慣れておらず、なおも攻略が難しい球となっています。日本の投手は様々なスプリッターを考案して切磋琢磨してきたので、メジャーで活躍するための強みとなっています。

現在メジャーリーグが投手を評価する指標として重視するのは、投手がコントロールできる範囲の数字などが主軸になります。

その一つが、ＦＩＰ（Fielding Independent Pitching）です。ＦＩＰは、投手の責任範囲に基づき、被本塁打、与四球、奪三振が大きな要素として計算されます。最近では味方の守備力や球場の特性、運の要素などがあるとしてＥＲＡ（防御率）は以前ほど重視されなくなっていますが、私はまだ見ており、特にｘＥＲＡ（Expected ERA）は重要だと考えています。

ｘＥＲＡは、運の要素を排除した数値なので、例えばポテンヒットで失点した場合も、好投であれば投手の責任範囲外として加味されません。長期的にみると、こちらのほうが投手の実力に近い数値になります。

また投球回数も重要です。例えば、Ａ投手が１５０回を投げて防御率２・００を記録した場合と、Ｂ投手が２２０回を投げて防御率２・４０だった場合を比べるとすると、Ｂ投手はＡ投手より50パーセント近くも多くのイニングを投げているので、Ｂ投手の防御率が少し高くても、どちらがより価値があるかと言えば、より多くのイニングを投げたＢ投手になると思います。チームへの貢献度は注目すべきことですし、私は多くのイニングを投げる選手が好きです。

しかしながら日本では、勝利がとても重視されるようですね。私は、大谷が投げた後に日本のメディアからコメントを求められることがありますが、勝利（勝ち星）がつかなかった時には「また次回にお願いします」と見送られます。私が「彼は素晴らしい投球をしたじゃないか。5イニングで13奪三振だよ?」などと言っても、彼らは「勝っていないから関係ない」という反応です。とても違う考え方ですね。

でも、私はこの考え方もとても好きです。なぜなら投手はまず勝利を目指すべきだからです。ただ、勝利数というものは、他の要素に影響されすぎてしまうのが問題です。

例えば、2022年の大谷翔平は、投手としてエンジェルスでチームトップの15勝を挙げました。この時、チームで次に多くの勝利をあげた投手は8勝です。つまり、大谷が投げた時はチームが勝ち、投げなかった時はなかなか勝てなかった。いかに彼がチームを牽引し、優れた投手だったかを示しています。

しかし、2025年に、ドジャースで投げる場合、大谷はこの時ほど優れた投手にならなくとも20勝を挙げる可能性があります。なぜならドジャース打線はエンジェルスより強力で、ブルペンも強固だからです。こうした帰結などから、アメリカでは勝利数をあまり評価しなくなりました。

ジェイコブ・デグロム(現テキサス・レンジャーズ)は、最たる例になります。

彼は何年も球界最高の投手でしたが、所属していたニューヨーク・メッツが強くなかったために勝利数は多くありませんでしたが、2018年と2019年にサイ・ヤング賞を受賞※1しました。

マダックスはわざと被弾も

確かに勝利（勝ち星）は、あまりにも他の要素に影響されます。打撃によるチームのための指標でもあります。投手がどんな好投をしようとも、チームが得点をしなければ勝利は得られません。かといって大量得点したからといって勝利するとも限りません。ベースボールは結果的に、1点でも相手より稼いだほうが勝つというスポーツです。

球史に残る大投手であるグレッグ・マダックス※2は、チームが大差でリードしていた時には、わざとホームランを打たせるほどの悪い球を投げたりしていました。もちろん理由があって、いろいろなこと（球種も含む）を試したり、次の対戦に備えて打者に〝種〟を蒔いたりするためでした。

打者は前回〝打つことができた〟ボールを覚えているので、マダックスはそれに似せながら以前より良い球を投げて、重要な場面で打ち取っていたのです。

当時の投手たちは、試合の点差に応じて、投球を調整していました。チームが10対2でリードしていたら、2点ぐらい取られてもチームは勝つから気にしない、という考え方です。チームが勝利したうえで、20勝を目指していたので、防御率が少々高くなっても、チームに勝利をもたらすことが彼らの責務と考えられていたのです。

しかし、今の投手の多くは、できる限り良いスタッツを残すことを目指し、相手チームにできるだけ得点を取らせないことに注力しています。チームが勝っても負けても、投手がコントロールできることに専念した数字を残せば「仕事ができる」と評価されるからです。

考え方の違いと思いますが、かつては勝利がもっと重視されていました。私は現代も、もっと勝利数が評価されるべきと考えていますが、今このことでアメリカで私に賛同してくれる人はいないでしょうね……。

MLBのエンターテイメント性とショーマンシップ、日米の違い

日本のファンは、世界的に見ても野球への関心が高い人が多く、学ぶことを楽しんでいるように感じます。また勝利やチームの団結力に注目しているのが見て取れます。日本のプロ野球では、観客のみんなが一体になって応援歌を合唱する伝統があるのも素晴らしいと思います。アメリカのファンは、良いことがあれば大いに歓声をあげて盛り上がりますが、選手に対して野次やブーイングが投げかけられることが多く、この点は私は好きではありません。

とはいえ、アメリカではチームやグループよりも、個人がより注目されるからこそ、選手の個性にも注目が集まります。最近では、選手たちもホームランを打った後など、セレブレーションのパフォーマンスを工夫して披露しています。かつてはタブーとされていたバットフリップ（ホームラン後にバットを投げ上げる行為）も楽しまれるようになったりと以前よりも、フィールド上で選手たちが個性を発揮できるシーンが増えていますし、大谷も自身の個性を隠すことなく見せてくれています。

日本では試合中は、真剣勝負の場であるとして今もエンターテイメント性の部分や選手たちのショーマンシップが見られることはあまりありません。でも例えば、フレディ・フリーマン（ドジャース）がヒットを打った時のちょっとした振る舞いに、大谷が応える様子はファンを楽しませています。こうした楽しみは日米ともにもっと当たり前になっても良いのではないかと考えています。各人の個性が伝わるからこそ、ファンも選手を追い続ける楽しさが増すのだと思います。

日本のファンの皆さんは、ＭＬＢで活躍する日本人選手に対して、本当にポジティブで一生懸命に応援しています。それは、私のSNSに寄せられるコメントにも明らかです。「彼を大切にしてください」「怪我をさせないでください」という思いやりのある言葉も少なくありません。そうした姿勢もとても好きです。私も選手たちに対してネガティブなことは言わず応援したいというスタンスなので、とても共感できるのです。

データや数字より視覚的に魅せる。球種の握りライブラリーやオーバーレイ動画を公開

私の本業は弁護士で、インターネットジオロケーション会社であるDigital Envoyの取締役副会長です。詳しくは後で述べますが、ベースボールアナリストとしては異色の経歴です。もともとは少年野球のコーチだったので、子どもたちにわかりやすく最良の情報を教えるべく、ビデオ分析を始め、映像を重ね合わせ

たオーバーレイ動画を作成するようになりました。

最初は教え子たちに世界最高峰の投手たちの投球を見せるために、クリップやオーバーレイ動画を作成していたにすぎません。しかし年月を経て、私自身が多くを学んだため、この情報を共有しようとSNSで投稿し始めたところ、たくさんの人に喜んでもらえるようになり、オーバーレイは私の「代名詞」となりました。

他にも、これまで集めた膨大な投手たちによるボールの握りや投球フォームの動画やクリップを、ライブラリーとしてすべて無料で公開しています。誰もが一流の投球技術を学ぶことができるようにと始めましたが、今ではメジャーリーガーたちが他の投手の技術を参考にするための「データベース」としても活用されています。


大量に投稿している投手のオーバーレイ動画は、私がすべて自分で編集して作成しています。オーバーレイ動画にして、異なる投球の軌道を一つの動画に重ね合わせれば、投手の球種がどのような軌道で打者に向かっているかが視覚化されます。特に、別の球種で軌道を同じくするピッチトンネル（山本由伸の第5章で

佐々木朗希の102マイルの速球とスプリッターのオーバーレイ

詳述）を示すようにしていますが、これを見ればいかに投手が自身の球種を特定させないように投げているかが一目瞭然です。投手たちは同じ投球メカニクス※3で、同じ球種に見せかけながら寸前で異なる軌道を描く球を投げているのです。

プロの投手がマウンドからボールを投げて、打者の手元に届くまでの時間は約0・4秒。ピッチトンネルで別々の球種の軌道が同じになる長さが長くなるほど、打者がバットを振るまでの猶予はさらに短くなります。多くのファンは「なんであんなボール球に手を出すのか？」と疑問を抱きますが、まさに一瞬の判断と反応速度が求められる世界なのです。

ベースボールは、これまで以上にデータや数字で語られることが多くなっています。もちろんデータや数字をもとに話すことは大切ですが、過剰に説明してしまうとスポーツの楽しさを台無しにしてしまいます。

そもそもベースボールは、スポーツなのだから楽しくあるべきです。私は、なぜ素晴らしいかをシンプルに伝えるためには、視覚的に見せることが効果的と考えます。投球は一瞬なので、軌道とピッチトンネルをＧＩＦや短い動画で切り出しているのです。

※スマートフォンのＱＲコードリーダーでオーバーレイ動画がご覧になれます

佐々木朗希のオーバーレイ

https://x.com/PitchingNinja/status/1853873546285457670

ダルビッシュ有のオーバーレイ
https://x.com/PitchingNinja/status/1176095531199803403
https://x.com/PitchingNinja/status/1835994508082790810

山本由伸のオーバーレイ
https://x.com/PitchingNinja/status/1758947144591892532

また、選手たちの表情から人間性を感じ取ることも大切にしています。勝負にこだわる姿勢を楽しみたいと考えています。

ダルビッシュ有が拳を握りしめてガッツポーズをしたり、大谷翔平が何かに本気で興奮したりする様子を見ることは、私にとってのベースボールなのです。そこには人の魅力と競い合うことの面白さが詰まっています。数字やデータ以上の見どころがあると思うのです。だからこそ、選手たちがどう考えているかを理解することに多くの時間を割いています。彼らの考えを読み取ることができれば、注目すべきことが見えてくるからです。

私は日々、ベースボール番組を配信し、SNSで情報を発信しています。インターネットで様々な情報を共有する意義は深く、選手たちも私のコンテンツを見て学んでくれています。一方で常に学びたいわけではない、ただ楽しみたいというファンもたくさんいるので、学びとエンターテイメントの両方が提供できるよう努めています。

シーズン中も折々で、珍プレー、好プレーのような場面、選手たちの意外な側面がわかる場面を投稿していますが、オフシーズンにはその傑作集となる「PitchingNinja Awards（ピッチングニンジャ賞）」というコンテンツも発信しています。本書の最後に、日本人投手のアワード集とともにご紹介します。

※1　ジェイコブ・デグロム
フロリダ州出身。2010年ドラフト9巡目でニューヨーク・メッツと契約。2018年に10勝9敗、防御率1・70、217投球回、269奪三振、2019年には11勝8敗、防御率2・43、204投球回、255奪三振で二年連続サイ・ヤング賞に選出された

※2　グレッグ・マダックス（MLB在籍1986年－2008年）
米国テキサス州出身、1966年4月14日生まれ。「精密機械」と称される制球力と巧みな投球術で知られた名投手。通算355勝を挙げ、1992年から1995年まで4年連続でサイ・ヤング賞を受賞。2014年にアメリカ野球殿堂入り。彼の投球術にちなんで先発投手が100球未満で完封した試合は「マダックス」と呼ばれる（非公式記録）

※3　投球メカニクス（pitching mechanics）
野球における投球動作の仕組みや技術の総称で、投手がボールを投げる際の一連の身体の動きやフォームを表す。省略してメカニクス（mechanics）と呼ぶことも

もくじ

Pitching Ninja's
analysis of
Japanese MLB Aces

※選手の所属チーム、成績は2025年2月6日現在

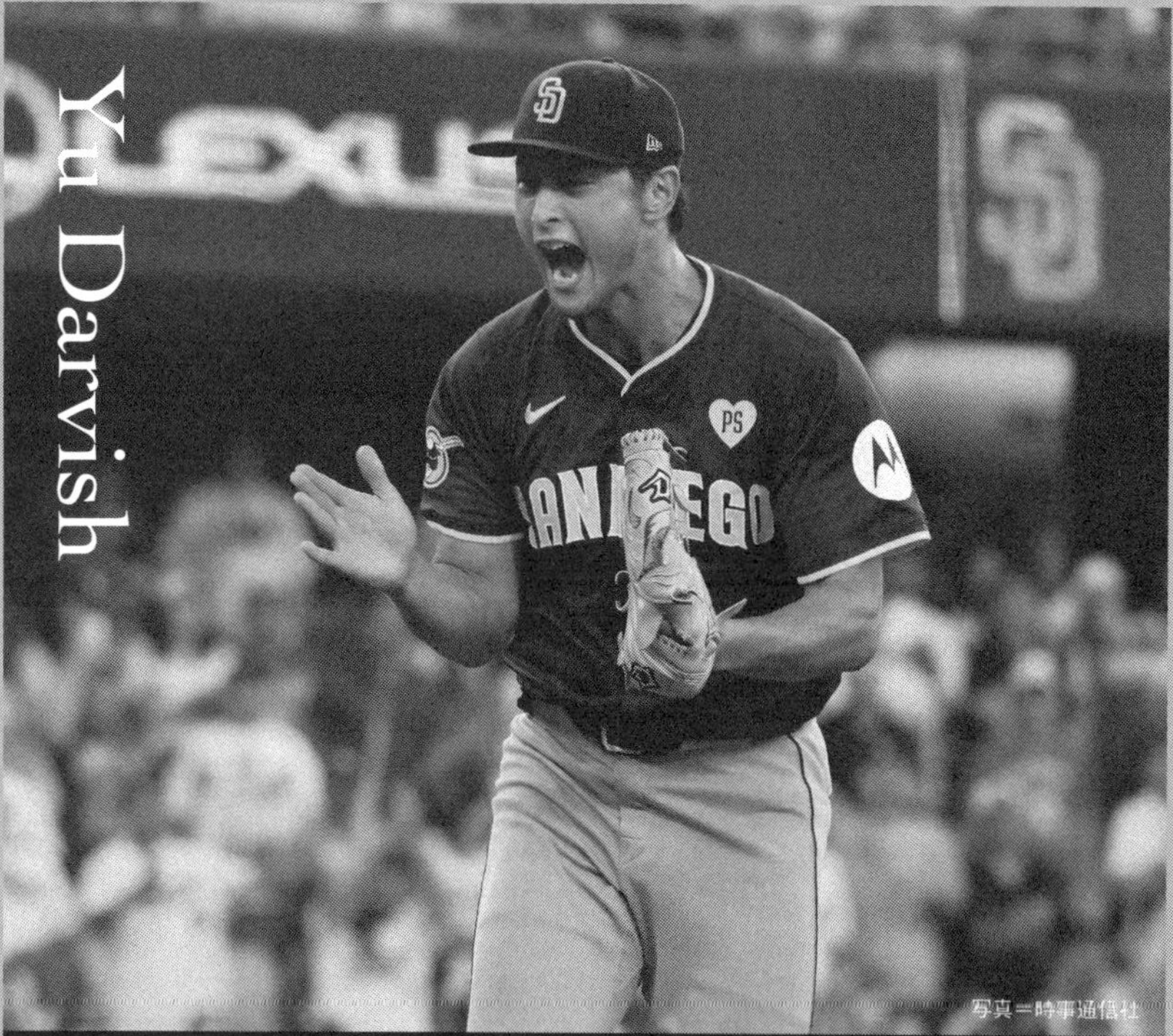

写真＝時事通信社

第1章
変化球の魔術師
ダルビッシュ有
（サンディエゴ・パドレス）

先発投手／38歳／右投げ

北海道日本ハムファイターズ〜テキサス・レンジャーズ〜
ロサンゼルス・ドジャース〜シカゴ・カブス〜
サンディエゴ・パドレス

驚異的な変化球の数と身体能力と……ダルビッシュが特別である理由

ダルビッシュ有は、ストレートを投げずに、打者と勝負ができる類まれな投手です。

彼は、速球をあまり多く投げなくとも、多種多様なスピンをかけたり、投球メカニクスを工夫したりして、誰よりも多くの変化球をストライクゾーンに入れながら打者を抑えるのです。その技術は芸術の域に達していて、今やＭＬＢの投手や多くの野球人が彼を尊敬してやみません。

球種の数は、２０２１年に私が彼にインタビューした当時「11種類ほど」と答えてくれましたが、本当は彼の球種数を特定するのはフェアではないと思っています。彼ほど多種多様に球種を操る投手には、分類されている球種の枠には収まらないからです。例えば、まず彼は同じ球種でも、指の位置やリリースポイントを微調整して、まったく異なる軌道や動きを創り出します。

カッター（カット・ファストボール）※1 一つを取っても、指や手の位置を変えることで速度や動きを調整します。本来なら別の球種とみなされるべきでしょう。他にも、スローカーブ、通常のカーブ、ナックルカーブ、スパイクスライダー、通常のスライダー、スプリーム、通常のスプリッター、スウィーパーなど、たくさんの変化球を持ちながら、絶えずブラッシュアップしています。

最近ではスウィーパーの開発も挙げられます。ダルビッシュは、野球の物理学研究の中で最近ようやく解明され始めたシームシフテッド・ウェイク（seam-shifted wake）※2 という、縫い目の位置によって空気の流れが非対称となることで球が想定外に変化する現象を活用して、磨きをかけているようです。

そのスウィーパーにしても、一種類ではありません。投球メカニクスを大きく変えて投げる「キング・スウィーパー」が最たる例です。彼の所属するパドレスには、横の変化が大きく特徴的なスウィーパーを投げるマイケル・キングという投手がいます。実は彼にインタビューをしたところ、次のような話を教えてくれました。

2024年年9月28日のアリゾナ・ダイヤモンドバックス戦でのことです。キングがベンチで試合を見ていたら、ダルビッシュがスウィーパーを投げる時に、いつもより身体を大きく傾けるように投げていたので、気になって試合後にダルビッシュに尋ねたそうです。

「いつもより身体を回転させるように投げていたけれど、あれは意図的なの?」と。するとダルビッシュは「そうだよ、〝キング〟スウィーパーだよ。いつもとは違うメカニクスで投げたかったんだ」と答えたそうです。つまり、ダルビッシュは相手打者を惑わせるため、密かにキングのスウィーパーの投球メカニクスを取り入れていたのです。

打者は、対戦する投手のわずかなメカニクスの違いでも「ちょっと待て! これは一体どうタイミングを取ればいいんだ?」と慌てます。一瞬でも動揺すれば、タイミングを外すことに繋がります。ダルビッシュは、球種だけでなくメカニクスも武器にすることで、無限の引き出しを使うように、打者を抑えているのです。

キングによると、ダルビッシュは他にもチームメイトのディラン・シースやジョー・マスグローブの投球フォームも、驚くほど上手く真似できるのだそうです。メカニクスを自在に変えながら、多種多様な変化球を投げられる身体能力には感嘆しかなかったようで、キングは「メカニクスまで変えるなんて信じられない。これこそ彼がMLBで輝かしいキャリアを長く続けられている理由だと思う」と語っていました。この例は、たまたまキングが気づいたからわかったことで、ダルビッシュは誰にも言わずに創意工夫を凝らした投球を織り交ぜながら、多彩な変化球を投げ続けているのでしょう。

このことをSNSで投稿した時のフォロワーの反応は嬉しかったですね。みんなが「ダルビッシュのことをどれほど好きか」「どれほど凄いか」について熱っぽくコメントしたりと、絶賛の嵐でしたから。

ダルビッシュは、新しい球種や技術を習得することに余念がありません。きっと彼がまだ名前をつけてもいない新しい球種もあるでしょうし、今も球種は増えていることでしょう。実際、彼に答えてもらった時ですら、あくまで便宜上の数を明かしていたにすぎませんし、キング・スウィーパーのように、時にはメカニクスも変えてしまうので、細かく分類すればキリがありません。きっと彼の球種の数は、十数種類から百種類に至るまで、何種類でも正解と言えるのかもしれません。ダルビッシュが特別で、敬意を集める理由です。

しかも彼は、打者への攻め方や配球プランも自分で持っている投手です。なかには、オールスターゲームに7度選出された名投手クリス・セール（アトランタ・ブレーブス）のように、捕手のサインに一切首を振らないことで成功する投手もいますが、ダルビッシュはそのタイプではありません。球種、メカニクスだけでなく、投球のすべてを考えている、唯一無二の投手なのだと思います。

考える投手。別次元のマインドセット

ダルビッシュは、とにかく〝考える〟投手です。常にマウンドでも考えていることが窺えます。

ある日の試合中、投球が乱れたり、打ち込まれたりした時の投球間に、彼がボー

ルを空中に投げ上げていたので、私はなぜそんなことをしているのか尋ねたことがあります。というのも、ダルビッシュは何事においても理由を持って行動するので、ボールをトスすることにも意味があるに違いないと考えたからです。

ボールを投げ上げていた理由について、ダルビッシュは「考えすぎないようにするため、意図的にやっている」と教えてくれました。カブス時代（2018〜2020年在籍）に、ジョー・マドン監督から助言を受けて始めたのだそうです。ダルビッシュは時々、試合や自分の投球に真剣に取り組むあまり、思考が過剰になって自身のプレーが阻害されるようなのです。そうした時に、ふとボールを軽く放り上げることで、頭が切り替わり、再びピッチングに集中できるようになるという道理でした。

マドン監督は、ダルビッシュに打者との駆け引きやピッチングに入れ込みすぎるのをやめさせたかったのです。そもそも、ダルビッシュはありのままで、すでに卓越したアスリートです。投手としてすべてを兼ね備えているのだから、余計なことは考えずにアスリートらしく、ただ投げてほしかったのでしょう。そこで、彼が能力を発揮するには、別の動作をすれば良いと考えたのです。驚くべきアプローチです。

私がさらに驚いたのは、ダルビッシュもそうしたアプローチを良くわかっていて、すでに違うことでも実践をしていたという事実です。彼の驚異的な「左投げ」です。

前述のキングをインタビューした時にも、彼は「その気になればダルビッシュは、MLBでサウスポーとしてもキャリアを築けるだろう」とも熱弁していました。「右利きなのに、左で投げるストレートは絶品だし、変化球はエグい」と言うのです。どれほど長く、ダルビッシュが左で投げてきたかが窺えます。他にも、先に述べたように異なるメカニクスで投げることがあげられますが、彼は実際ブルペンや遠投でも異なる投げ方をすることがあるのです。

その理由を尋ねるとダルビッシュは「良い投球をするためには、同じ動きを繰り返しても、脳はそれに飽きてしまう。そうしたとき、違う動きをすると初めて改善するという感覚があるから」と教えてくれました。

投球間にボールを放り投げるのと同じ理屈ですが、ほとんどの人は考えもつかないことです。そもそも通常、ピッチングやメカニクスは、何度も繰り返していくことで良くするのが王道です。ところが、ダルビッシュは「別の動きをすることで良くできる」と、自身で発見していたのです。並の投手とは別次元に考えることができるから到達したのでしょう。こうしたハイレベルな思考能力も、ダルビッシュを敬愛してやまない部分です。

一般的に言う〝メンタル〟の強さという面でも、別次元だと思います（ダルビッシュは、メンタルも技術とみなしています）。２０２４年のポストシーズンでは、パドレスと同じカリフォルニア州でナショナル・リーグ西地区にあるドジャースとのライバル対決がありました。両チームのファンによる応援の熱量に驚いた日本のファンも多かったと聞きますが、ダルビッシュはＭＬＢ特有の大舞台での熱狂的な雰囲気にも「全く緊張しない」と明かして、ファンを驚かせたそうです。

私はその根底にあるのは、彼の考え方にあると思います。彼は以前こうも言っていました。「マウンドで僕がコントロールできるのは、この一球だけ。このボールが手から離れたら、もうどうしようもない。思うように行かないこともあるけれど、僕ができるのは、監督が僕の手からボールを取り上げるまで、ひたすら目の前の一球に注力して、投げ続けるだけだ」。言うまでもなく、彼はマウンドに立つまでに可能な限りの準備をしてきています。後は全力で投球するのみという境地に達しているのでしょう。

ダルビッシュがレンブラントもしくはダ・ヴィンチなら、大谷翔平はジャクソン・ポロックだ

今や、ダルビッシュは「投球の達人」や「メカニクスの魔術師」とも呼ばれます。私はピッチングというものはアートにも喩えられるので、彼の芸術的とすら呼べる技術を総じて「至高のピッチングアーティスト」と考えます。投手に非常に厳しいジョン・スモルツ※3ですら、「ダルビッシュは投球のことなら何でもできる」、「稀代の聡明な投手だ」と手放しで称賛しています。

ピッチングアーティストであるダルビッシュは、ベースボールで〝傑作〟を描こうとしているのだと思うのです。喩えるならレンブラント※4やダ・ヴィンチ※

5のように、自分が望む色（球種）を使い、細かな筆遣い（メカニクス）で、完璧な場所（制球）に描く（投げる）ことを目指しているのです。

しかしながら、ダルビッシュが移籍してきた当初、多くの投手コーチは彼の球種を減らそうとしました。以前まで長らくMLBでは、限られた種類の球種を完璧に投げられるようにすべきだという考えが主流だったからです。かつては球種を限定すれば、投手は投球フォームを限りなく完成させて、コントロールやコマンドを向上させ、それらの球種を高いレベルで一貫して投げられるようになると考えられていました。

こうした指導法は、ダルビッシュのような多彩な変化球を操る投手には逆効果です。言うなれば、無限の色を使いたいダルビッシュという〝画家〟に、3〜4色で絵を描きなさいというようなものです。

彼が描きたい絵を描くには、すべての色が必要だというのに……。

ちなみに、大谷翔平を同じようにアーティストで喩えると、私は画家のジャクソン・ポロック※6だと思います。ポロックは、大きな筆遣いが特徴的なので、力強い投球をする大谷のイメージに重なります。ポロックは、ペンキをあちこちに飛ばすように、直感的で素晴らしい絵を完成させます。大谷の躍動感のある投球スタイルに通じると思うのです。

もちろんダルビッシュにもパワーピッチャーの要素はありますが、彼はそのスタイルを選びませんでした。彼は、考え抜いた末に自分の描きたいところに描きたいものを完璧に配置するアートを目指しているように思います。

私は、彼が自分の親指をどこに置くとボールがどのように動くかを完全に把握していることだけでも、傑出したアートの技だと思います。それだけに留まらず、彼はいつも新しい変化球の投げ方を編み出したり、メカニクスを変えたり、他の人が思いつかないようなことを実験し、実践しているのです。

彼のこうした細部へのこだわりや考える力が、ただ練習にストイックな投手たちとは異なる存在にしているのでしょう。

ダルビッシュからのダイレクトメール

ダルビッシュは、投球について絶えず学び続けています。彼は投球に関する知識を吸収し、他の投手のメカニクスだけでなく、他の投手のピッチグリップ（pitch grip＝ボールの握り方）までも習得しようとします。

実は私とダルビッシュの繋がりは、彼のそうした探究心がきっかけでした。

2020年の夏、私が妻と自宅近くにあるレストランで夕食を摂っていたところ、私のスマートフォンにメッセージが届きました。

見ると、ツイッター（現X）にダルビッシュから「シェーン・ビーバーのナックルカーブの握りがわかる映像はありますか？」とあります。あのダルビッシュですよ。私は驚きのあまり画面を凝視しました。

妻は「夕食中なのに、一体なぜあなたは携帯電話に見入っているの？」と訝しげでした。しかし、私は「あのダルビッシュが、私に質問してきているんだ。待たせるわけにはいかない」と妻を説得すると、すぐに質問に答えるべく、帰宅して彼のための映像を見つけ出し、該当する動画などの資料を送りました。

これは私の身に起きた最高にクールな出来事でした。さらにクールだったのは、ダルビッシュが翌日にはブルペンでシェーン・ビーバーのナックルカーブを練習していたことです。その後、彼は試行錯誤を加えた新球を試合で活用し、12奪三振という圧巻のピッチングを披露してみせました。ありがたいことに、12奪三振した日、記者会見で記者から好投の要因を尋ねられた彼は「ピッチング・ニンジャのおかげだ」と答えて、私にいわば〝お墨付き〟を与えてくれたのです。

後になって、なぜそんなことをしてくれたのかと理由を尋ねると、彼は前々から私をとても好意的に見てくれていたというのです。アメリカでは以前、多くのアナリストやメディア、ファンが彼に批判的だったのですが、私はそうしたスタイルではありません。私は彼の投球を見るのが大好きですし、日本から来た彼をサポートする人間でありたいと願っていました。私がただ人を助けるのが好きというのもあるのですが、それが彼にも伝わっていて「サポートがありがたい」と思ってもらえていたのです。とても嬉しかったことの一つです。

そもそも私は選手を批判するのは好きではありません。なぜなら、野球というスポーツがどれほど難しいかわかっていますし、ファンが選手に厳しいことを知っているからです。私は、いつもポジティブにいるようにして、ファンがネガティブにならないよう、投球の奥深さや面白さを伝えていきたいのです。

ファンに誤解され、猛批判されたダルビッシュ

異国からやって来た選手が、多くを求められながら結果を出していくことは並大抵のことではありません。輝かしい経歴を持つダルビッシュですら、アメリカでは長らく誤解されて苦労を強いられてきました。

インタビューの中でも「他の国から来て、言語がわからず、ファンにブーイングを浴びせられ、すべてを求められることの大変さは、多くの人が理解していない」と語っていました。

ダルビッシュは、２０１８年にカブスに移籍した当初も、怪我に苦しんだため活躍ができなかったことで、容赦のない批判に晒されました。それまで、ダルビッシュはあまり多くを語らず、自身の個性を出さないようにしていたことも理由にあると思います。

しかし、移籍2年目からは通訳を介さずにインタビューに答えることも増え、記者会見でも自分の言葉で率直に語るようになりました。以来、より彼の人間性が伝わるようになり、アメリカのファンも親しみを感じるようになりました。批判もにわかに減りました。

彼自身は、成績が良くなったからだ、と考えていたようですが、そうではないと彼にも伝えました。そもそも彼はユーモアもある魅力的な人です。当時の彼は、チームメイトのアンソニー・リゾと良くじゃれ合ったりと、チーム内での素の姿も見られるようになりました。そういう姿を見て、多くの人が彼のユーモアや人間性を気に入るようになったのだと思います。

アメリカでは個性を表現せず、ロボットのように見えてしまうと、ファンは結果だけを見るようになり、調子が悪くなると批判しがちです。しかし、感情を表

に出せば、ファンもその選手が人間であることを理解し、苦しんでいる時でも寛容さを示してくれるのです。日本人がMLBでやっていくために、大切な要素の一つだと思います。

私は彼とYouTubeで何度か公開インタビューをしていますが、実施するたびに多くのファンが彼に魅了されてきたと実感しています。ひとたび彼の個性やユニークな人柄が伝われば、誰もが彼の良さに気づくのだと思います。

あるインタビューでは、変化球の握りをすべて公開しながら詳しく語ってくれましたが、彼は人に教えるのも上手です。シンプルなカッターの投げ方も教えてくれたのですが、それは私が今まで聞いたり、教わったりした方法とはまったく違いました。しかし、彼の通りに手を上げて、小指と薬指で押し下げるようにすると、指が自然にカットするような動きになるのです。「これなら僕でも（私でも）カッターが投げられる！」と視聴者も驚きの声をあげていました。

今も彼のところには、多くのＭＬＢ投手が教えを請いにやって来ます。指導者としての未来を期待してしまいますが、彼は「投手コーチにはなりたくないけれど、ピッチグリップのコーチにはなりたい」と語っていました。彼がこれまでに習得してきた多種多様な球種の握り方や投げ方を教えたいのだそうです。将来は、彼のためにピッチグリップコーチというポジションが必要になるでしょう。

保護犬ダービーとロビー

彼が人として、どれほど思いやりにあふれた人なのかを知らない人は多いように思います。例えば、２０１７年にダルビッシュが殺処分寸前のピットブル犬を保護したことが日米でも報じられましたが、彼はその前から何匹ものピットブルやそのミックス犬を保護しています。

アメリカのシェルター（保護施設）には、攻撃的な犬種という偏見から多くのピットブルやそのミックス犬が飼い主に見捨てられ収容されています。ダルビッシュは、そうした不遇な犬たちを引き取るだけでなく、「犬を飼う前に、きちんと世話ができるか考えてほしい。こうして僕が飼うことで『彼なら20匹でも30匹でも飼える』と思ってほしくないし、僕も責任を持って引き取るので、誰もが責任を持って犬を飼ってほしい」と提言しています。

私はとても感動しました。そこで、私も自宅にいる犬の他にもう一匹、保護犬を引き取ることにしました。気に入った犬種を選ぶこともできましたが、私たちもピットブルを引き取ることにしました。名前も彼にちなんで、Darvie（ダービー）と名付けたんですよ。とても優しくて良い子です。

そのことをダルビッシュに伝えたところ、彼は「じゃあ僕は、あなたにちなんでRobbie（ロビー）という名前を保護犬につけようと思う」と言ってくれました。彼に今ロビーという愛犬がいるのか、その後は話していないのでわかりませんが、保護犬の話でもわかるように、ダルビッシュは本当に愛情深い人なのです。

ダルビッシュは、選手としても人としても素晴らしく、大好きな投手の一人です。もっと多くを話したいところですが、現役のうちは話せないことも少なくありません。彼は「今は、あまり多くの秘密を明かしたくないけれど、引退したら、細かいことや考え方を明快に話せるようになると思う」と語ってくれました。

※1　カッター（カット・ファストボール cut fastball）
ストレートと同じ球速帯で投げられる速い変化球で、打者の手元で小さく鋭く曲がるため、バットの芯を外して凡打を誘いやすい。日本では、カットボールと呼ばれる。（人によっては）、高速スライダー、真っスラとも言われる

※2　シームシフテッド・ウェイク（seam-shifted wake）
ボールの縫い目の位置により、ボール周囲の空気の流れが非対称となり、通常のマグヌス効果（後述）だけでは説明できない動きを生じさせる現象。打者にとっては異常な軌道を描く球として攻略が困難になる

※3　ジョン・スモルツ
1988年から2009年までMLBで活躍した右腕。1996年に24勝、253・2投球回、276奪三振でサイ・ヤング賞を受賞。1990年代のアトランタ・ブレーブスの黄金時代を支えた。引退後は、MLB解説者として活動し、若手投手の成長を支援。2015年にアメリカ野球殿堂に殿堂入りした

※4　レンブラント
レンブラント・ファン・レイン(Rembrandt van Rijn，1606－1669)。オランダ出身。肖像画、歴史画、風景画など幅広い作品を手掛けたバロック絵画の巨匠。光と影を巧みに操る明暗のコントラストや実験的な筆使いで有名。代表作は『夜警』（1642年）

※5　ダ・ヴィンチ
　レオナルド・ダ・ヴィンチ（Leonardo da Vinci, 1452－1519）。ルネサンス期を代表するイタリアの芸術家、科学者、発明家、思想家。代表作『モナ・リザ』や『最後の晩餐』といった名画で知られる一方、解剖学、天文学、工学、植物学など多岐にわたる分野で革新的な研究を行った「万能の天才」

※6　ジャクソン・ポロック
　ジャクソン・ポロック（Jackson Pollock, 1912－1956）。アメリカの画家で、抽象表現主義を代表するアーティスト。キャンバスを床に置き、絵具を垂らしたり、投げたりして制作する「アクション・ペインティング」で知られる。絵具の動きやリズム、エネルギーが特徴的で、感情や無意識の表現を追求したものとされる。代表作は『ナンバー5，1948』（2006年に1億4000万ドルで売却された）

ダルビッシュ有
Yu Darvish

1986年、大阪府羽曳野市出身。東北高校を経て、2004年、ドラフト1位で北海道日本ハムファイターズへ入団。2005年6月15日、対広島東洋カープ戦で1軍初登板初先発初勝利を飾る。2007年シーズン15勝5敗、防御率1・82。完投数12は12球団トップの成績。沢村賞、最多奪三振、ゴールデングラブ賞、ベストナイン、シーズンMVPに輝く。2012年、テキサス・レンジャーズと6年5600万ドル+出来高400万ドルで契約に合意。4月9日のシアトル・マリナーズ戦でメジャー初先発、5回2／3を8安打、5失点、5奪三振、5四死球の内容だったが打線の援護に恵まれ初勝利。この月は5試合の登板で4勝0敗、防御率2・18でリーグ月間最優秀新人を受賞。7月、最終投票でオールスターゲームに選出される。2015年3月、右肘内側側副靭帯の損傷が判明し、トミー・ジョン手術を受ける。2016年5月28日復帰登板。2017年5月、MLB50勝を達成。7月、交換トレードでロサンゼルス・ドジャースに移籍。2018年2月、シカゴ・カブスに移籍。2020年12月、トレードでサンディエゴ・パドレスに移籍。2021年の開幕戦で開幕投手を務める。2023年2月、6年総額1億800万ドルで契約を延長した。195センチ、99キロ。右投右打

MLB年度別成績

※2015年は登板なし

年（所属チーム）	登板	勝	敗	セーブ	投球回	与四死球	奪三振	防御率
2012（TEX）	29	16	9	0	191.1	100	221	3.90
2013（TEX）	32	13	9	0	209.2	89	277	2.83
2014（TEX）	22	10	7	0	144.1	52	182	3.06
2016（TEX）	17	7	5	0	100.1	35	132	3.41
2017（TEX・LAD）	31	10	12	0	186.2	65	209	3.86
2018（CHC）	8	1	3	0	40.0	25	49	4.95
2019（CHC）	31	6	8	0	178.2	68	229	3.98
2020※（CHC）	12	8	3	0	76.0	17	93	2.01
2021（SD）	30	8	11	0	166.1	53	199	4.22
2022（SD）	30	16	8	0	194.2	49	197	3.10
2023（SD）	24	8	10	0	136.1	51	141	4.56
2024（SD）	16	7	3	0	81.2	25	78	3.31
MLB計（12年）	282	110	88	0	1706.0	629	2007	3.54

記録は2024年シーズン終了時点

※新型コロナウィルスによるシーズン短縮（65試合）

TEX：テキサス・レンジャース
LAD：ロサンゼルス・ドジャース
CHC：シカゴ・カブス
SD：サンディエゴ・パドレス

写真＝時事通信社

第2章
「最も背が低い」がアドバンテージ
松井裕樹
（サンディエゴ・パドレス）

救援投手／29歳／左投げ

東北楽天ゴールデンイーグルス～
サンディエゴ・パドレス

身長173センチの大きな左腕

松井裕樹はとても興味深い投手です。2024年にメジャーデビューしましたが、ルーキーイヤーからフル回転しました。チームの守護神ロベルト・スアレス（同年は65試合に登板）に次ぐチーム2位の64試合に登板し、4勝2敗9ホールド、防御率3・73、62回2／3を投げて69奪三振という見事な成績を収めました。

松井がアメリカで成功している要因には、その身長が周りのメジャーリーガーと比べて〝とくに低い〟※1ということ、そして打者のスイングが発展したことと関係していると思われます。一般的に、ダルビッシュや大谷のように身体が大きくてパワフルな投手が成功しやすいと思われがちですが、必ずしもそうではありません。

彼は身長5フィート8インチ（約173センチ）で、メジャーリーグでは平均よりも低い選手ですが、彼には極めて優れたInduced Vertical Break（ＩＶＢ）※2があります。ＩＶＢとはボールがどれだけ垂直方向に動いているように見えるかを数値化したものですが、要するに彼のストレートは、投球の軌道がより直線的にキープされるので、近年の打球角度を意識した上向きのスイングに合いにくいのです。

メジャーリーグでは2010年代中頃から、スタットキャスト※3などによるデータ解析が進化したことから「フライボール革命」と呼ばれる打撃理論が広まり、打者のほとんどが打球を持ち上げるため上向きにスイングするようになりました。それは確かに理に適ったもので、対戦する投手の多くは背が高く大柄であるため、打者にとってボールの軌道は重力も相まって「下り坂」のイメージになります。そのため角度的に、スイングが上向きになればボールに当たる接点はより大きくなります。実際に、多くの打者のヒットやホームランの確率が高まったことも明らかになっています。

ところが、そうした傾向があるメジャーリーグで、松井は最も背が低い投手の一人であるうえ、基軸となる彼のストレートは回転率が高い。ボールが沈みにくい軌道が特徴となるので、高めのストライクゾーンで勝負がしやすくなります。すると、打者にとっては「上り坂」のような角度でボールがやってくるため、上向きのスイングだとボールとの接点が小さくなって、難易度が一気に上がります。打者がこの球を攻略するには、普段とは異なるスイングが求められるので、さらに打ちにくくなるというわけです。

もとより打者は、投手と対戦する時、これまでに対戦したことのある他の投手の似たような投球を思い浮かべ、その経験から軌道を想定してボールを捉えようとします。ところが、松井のように身長が低く、重力に逆らうように浮き上がって見えるような質の高いストレートを投げる左腕は、メジャーリーグにはいません。そうすると、ほとんどの打者にとって、想定外となります。打者にとっては「未知の」投手と対戦しているのと変わりません。しかも、松井はリリーフ投手なので、先発投手のように何度も対戦する機会は得られないため、その投球に見慣れることも容易ではありません。

加えて、松井は見事なスプリッターを投げます。アメリカにはスプリッターを投げる左腕はほとんどいません。彼のスプリッターは、かなりの落差がある非常に優れた変化球です。となると、浮いているように見えるストレートと急激に落ちるスプリッターとで、打者のゾーン上下に攻める投球がとても有効になります。

これは上向きにスイングする打者には、特にやっかいな投球になります。打者が捉えようとしても、このスプリッターに翻弄されます。かといって、ストレートを狙うにしても、彼のストレート自体が錯覚を引き起こす打ちにくい球質であるため、その場で打者が攻略するのは至難の業です。多くの三振を奪っている理由でしょう。

松井裕樹のスプリッターとストレートの動画
https://x.com/PitchingNinja/status/1808683251772645498

松井は、素晴らしいスライダーも持っています。優れたストレートを軸に、ストライクゾーンの上下を攻め、時にスウィーパーを織り交ぜて打者を警戒させています。登板してシャットダウンのイニングを作り、全力で攻めることが見事に合っているタイプの投手だと思います。

真ん中にキャッチャーミットを構えるメジャーリーグ

松井は、こちらの自由度の高いやり方が合っているように思います。メジャーリーグと日本のプロ野球との大きな違いの一つとして、キャッチャーの構え方と配球の指示の仕方があります。

日本では、キャッチャー主導で球種や投げるスポットを決めて、そこにきっちりキャッチャーミットを構えて投手に投げさせることが多いと聞きました。千賀滉大がメジャーリーグに移籍してきたときに教えてもらったのですが、スポットを狙うことに意識が向きすぎると四球になりやすいということもあるようです。

一方、メジャーリーグではもっとシンプルです。キャッチャーが投手にサインを送るのは同様ですが、キャッチャーミットを真ん中に構えることが多いので、投手はただ真ん中に狙って投げることになります。とはいえ、ボールが完全な真ん中に行くことはないので、それぞれ持ち球の動きに任せることになります。

投手にもよりますが、こちらの自由度の高いやり方のほうが投手はリラックスできると考えられています。おそらく松井にとっても、いくらかプラスに働いているのではないかと思うのです。彼は、持ち球が特徴的で一級品なので、それぞれのボールが持つ変化に任せて、力いっぱい投げるほうが彼のポテンシャルが発揮されやすいのではないでしょうか。

ちなみにダルビッシュは、おそらくこのタイプではないと思います。彼はすでに述べたように、自分の投げたい球を思ったスポットに、まさに絵画をペイントするように投げることが好きなので、例外でしょう。しかし、メジャーリーグでは多くの投手はこちらのやり方のほうが、持ち味が引き出されるとして好まれています。

松井の投球が乱れる時は、たいてい制球難に陥っていますが、それは珍しいことではありません。まず、メジャーリーグとプロ野球にあるもう一つの大きな違いとして、ボールのサイズと質感があります。メジャーリーグのボールのほうが少し大きいのですが、質感として滑りやすいのです。日本のプロ野球のボールは、しっとりとしているので、日本から来た投手は慣れるのに時間がかかるケースもあるようです。松井と同様に初年度から見事な成績を収めた千賀（デビューイヤーの2023年は、29試合に先発して12勝7敗、202奪三振の防御率2・98）ですら、リーグワーストの14暴投を記録し、勝負球でもあるお化けフォークについて「最初はメジャーリーグのボールでどうやってリリースすれば良いかわからなかった」と苦悩を明かしていました。

ほとんどのハイレベルな投手がそうであるように、松井も目標を高く掲げて自分に厳しくあろうとしていると見受けられます。チームには、ダルビッシュはじめ多くのスター選手がいます。彼らの期待に応えたいし、ファンを失望させたくない。とはいえ、アメリカに来たばかりで慣れない環境にいることは、大きなプレッシャーでもあるのです。アメリカにいるファンの多くは、そうしたことの大変さには気づいていません。異国の地で、自分の話す言語を話さない選手たちとコミュニケーションを取っていき、あらゆることを学びながら、記者会見などの公のインタビューもこなしていくことには大変な苦労が伴います。

チームにダルビッシュがいることの大きさ

だからこそ、チームにダルビッシュがいることは大きいでしょう。

パドレスは良いチームなので松井も多くのサポートを得ているでしょうが、ダルビッシュがいることは何よりのサポートなのではないでしょうか。彼はチームではコーチのような存在でありながら、とても面白い人なので、誰からも愛されています。

ダルビッシュは、自身のベースボールの知識が役に立つのなら、何でも教えたいという人です。親身になってくれる心強い友人であろうとしてくれます。もちろんダルビッシュは高身長の右腕なので、低身長の左腕である松井とは対照的ですが、ベースボールは学ぶべきことが非常に多いので、彼のアドバイスはかなり大きな助けになると思います（とはいえ、ダルビッシュは左投げでも素晴らしい球を投げることでも知られてもいますが）。

松井がメジャーリーグに慣れるには、まだ少し時間がかかるかもしれませんが、経験を重ねるにつれて多くを学んでいくでしょうし、次のシーズンはさらに良くなるに違いないと私は見ています。

ドジャースとのライバル争いの渦中で

2024年のポストシーズンでは、松井とダルビッシュが所属するパドレスと、大谷翔平と山本由伸が所属するドジャースとが、ナ・リーグ地区シリーズで白熱した試合を見せました。近年は同じ西地区で、パドレスが最近とても強くなったことで、にわかに互いのライバル意識が高まっています。

ニューヨークやボストン、フィラデルフィアなどでは、昔からファン同士が激しくやり合うのが伝統として知られていますが、サンディエゴやロサンゼルスでは今までそういった対立ムードはありませんでした。そもそも今のドジャースのスター選手たちは、大谷は言うまでもないですが、フレディ・フリーマンやムーキー・ベッツなど、中心選手がものすごくナイスガイです。

一方のパドレスは、マニー・マチャドはじめ、少しばかりエッジの効いたスター選手が多く、フェルナンド・タティスJr.やジュリクソン・プロファーがスタンドのファンに向かって、挑発的なジェスチャーをしたりします。今回は本人たちも「やり過ぎた」と反省しているようですが、同シリーズでは、プロファーの挑発行為でドジャースファンが怒り出し、スタンドすぐ脇に隣接されたパドレスのブルペンに向かって、ボールや物を投げつけたことが騒動になりました。めったに起こらない事態です。

とはいえ以前、ドジャースの関係者やジョー・ケリーからも聞いたのですが、ロサンゼルスという場所柄、ギャングのメンバーがブルペンにいる投手に何か言ってきたりすることは稀にあるようです。すぐに警察が対処するようなのですが、そういったことが起きるのは残念でなりません。今回の地区シリーズの騒動の時は、パドレスのジェレマイア・エストラーダが激昂してスタンドのファンに詰め寄ろうとしたところを、松井が制したと話題になりました。

また松井は、メジャーに移籍した最初のスプリングトレーニングで、英語とスペイン語を駆使して挨拶をしたと知りました。本当に素晴らしいことで、こういうことができる選手は私も大好きです。

彼はとても人柄も良さそうなので、いずれ機会があれば詳しく話を聞いてみたいと考えています。

※1　〝とくに低い〟身長

ＭＬＢ公式によると松井裕樹の身長は、5フィート8インチ（約172センチ）で現役メジャーリーガーではクレイトン・アンドリューズの5フィート6インチ（約167センチ）、マーカス・ストローマンの5フィート7インチ（約170センチ）に次いで3番目に身長の低い投手となる。2015年以降でも、5フィート8インチ以下の投手は5人しかいない。2010年以降でも8人。2000年まで遡っても、合わせて14人である

※2　Induced Vertical Break（ＩＶＢ）

日本語の定訳は今現在なし。投球の垂直方向の変化量を示す指標で、特に近年のピッチングデータ解析で重要視される要素の一つ。ＩＶＢが高い投球は、打者にとって非常に打ちにくい球となり、投手にとって大きなアドバンテージをもたらす

※3　スタットキャスト（Statcast）

2015年にＭＬＢの全球場で導入された先進的なデータ追跡システム。球場内に設置された高解像度カメラやレーダー技術を利用して選手の動きやボールの挙動を高精度で記録・分析する

MLB年度別成績

年(所属チーム)	登板	勝	敗	セーブ	ホールド	投球回	与四死球	奪三振	防御率
2024(SD)	64	4	2	0	9	62.2	31	69	3.73

SD：サンディエゴ・パドレス

松井裕樹
Yuki Matsui

１９９５年、神奈川県横浜市青葉区出身。桐光学園高時代、第94回全国高等学校野球選手権大会の１回戦今治西高戦で、10連続奪三振、１試合22奪三振を記録。準々決勝で敗退するまでに、４試合で68奪三振。１大会通算68奪三振は夏の甲子園で歴代3位の記録を挙げた。２０１３年、５球団競合の末、ドラフト１位で東北楽天ゴールデンイーグルスに指名される。２０１４年４月２日、対オリックス・バファローズ戦でプロ入り初先発。６回３失点で黒星を喫すると、その後は３連敗。７月２日の対オリックス・バファローズ戦で救援投手としてプロ入り初勝利を挙げる。２０１５年、奪三振率が高いことから抑え投手に抜擢され、３勝２敗33セーブ12ホールド、防御率０・８７の成績を挙げる。２０２３年４月５日の対西武ライオンズ戦で史上９人目となる通算２００セーブを達成。史上最年少（27歳5か月）での達成となった。11月に海外ＦＡ権を行使、12月24日、サンディエゴ・パドレスと5年総額２８００万ドル（約40億円）で契約。３月20日のロサンゼルス・ドジャース戦で６回一死から４番手で登板し、２／３回を無安打無失点（１四球）に抑えた。１７２センチ、75キロ、左投左打

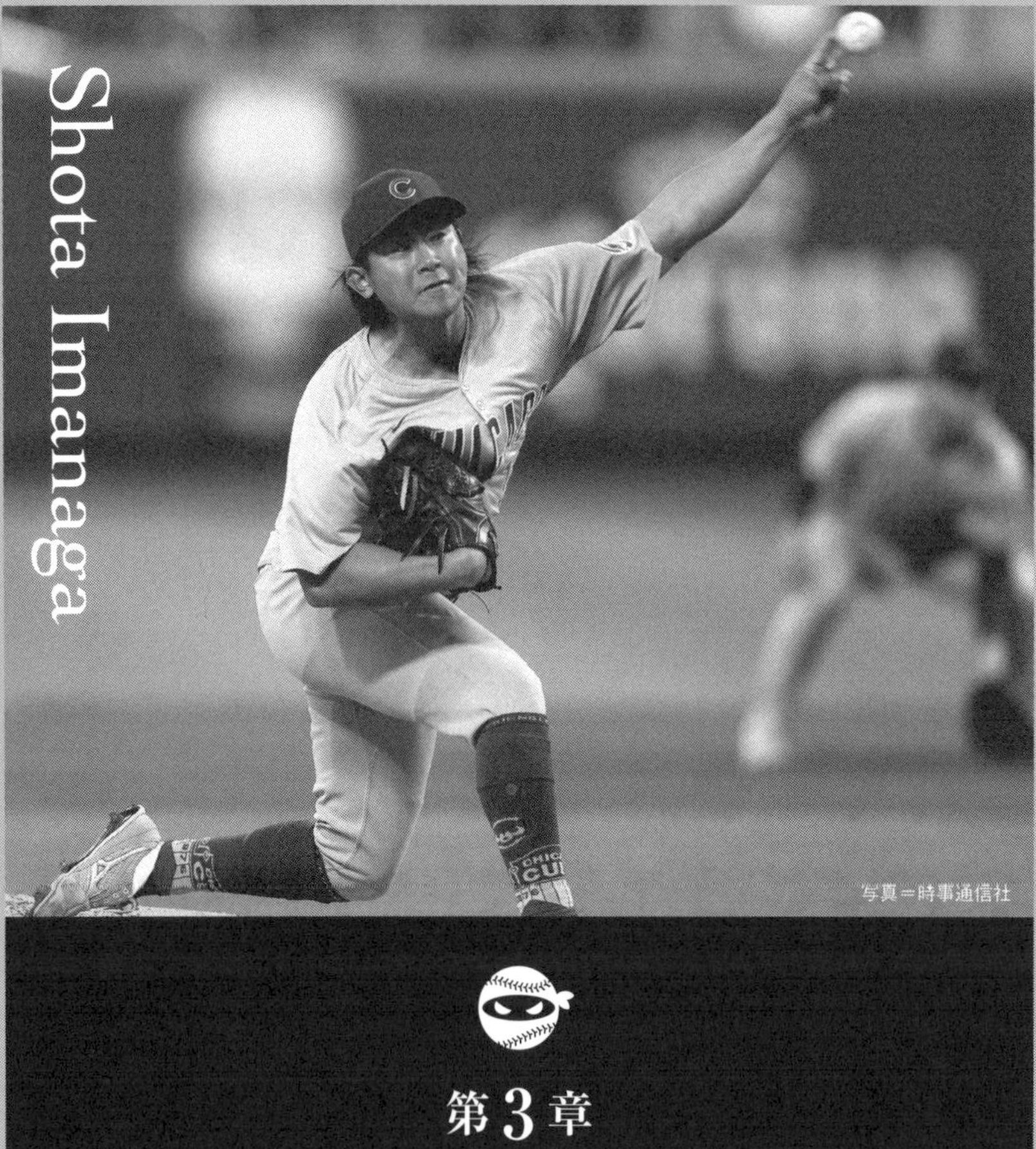

写真＝時事通信社

第3章
支配的なエース
今永昇太
（シカゴ・カブス）

先発投手／31歳／左投げ

横浜DeNAベイスターズ〜
シカゴ・カブス

予想をはるかに超える大活躍でシカゴの超人気選手に

今永昇太のメジャー初年度の功績は称えきれません。アメリカで多くの専門家が彼の実力を過小評価し、防御率は4点台、ローテーションも4番手か5番手ぐらいに落ち着くのではないかと予想していました。ところが、フタを開けてみれば、あらゆる予想を覆すパフォーマンスを見せてくれました。

2024年シーズン、今永はメジャー1年目から規定投球回に到達どころか、チーム最多の173回1／3を投げました。29試合に先発して、15勝3敗、防御率2・91の174奪三振をマークし、オールスターゲームにも出場するなど、圧巻のピッチングを披露しながらチームの勝ち頭として牽引しました。終わってみれば、サイ・ヤング賞投票でもナショナル・リーグ5位に入りました。

私も、数字やデータは事前に知っていましたが、実際に彼が投げる姿を見るまでは、ここまでの結果を出すとは想像できませんでした。軸となるストレートの球速が平均91・7マイル（約148キロ）とそれほど速くないことも理由の一つでした。

しかし、そのピッチングを目撃してわかったのです。彼は、高めのストレートを実に効果的に使っていました。松井裕樹の前章でも述べましたが、今永のストレートも非常に高いスピン量が特徴で、彼も比較的身長が低い（約178センチ）ので、打者が上向きにスイングすることが多いメジャーリーグでは攻略困難な軌道と角度の勝負球になります。その希少性の高い〝武器〟に加えて、今永は素晴らしいことに、その高めのストレートを正確にコントロールして、投げたい場所に投げています。松井同様、スプリッターの落差も大きいうえに使い方が巧みです。また、私はスプリング・トレーニング（日本で言う春季キャンプ）で彼のスウィーパーを初めて見ましたが、その変化量を見て何というエグい球なのかと驚かされました。

また、シーズン終盤にはシンカーを使いはじめました。私はこれが3本指グリップとは知りませんでしたが、これも素晴らしい投球術だと思いました。ＭＬＢ

では3フィンガーシンカーは、通常チェンジアップに近い球種です。例えば、2023年のオールスター投手で同年サイ・ヤング賞投票でも3位に輝いたザック・ギャレンは3本指でチェンジアップを投げます（理由は、彼の手が小さかったので子どもの頃に3本の指で速球を投げていたそうです）。今永の球種はシンカーとチェンジアップの中間のように感じられます。この球は、彼の速球とスプリッターの間の隙間を埋めるかたちとなり、打者を混乱させるのに有効です。

今永は、初年度にして驚くべき能力と対応力を発揮し、多くの専門家が見るたびにその評価を改め、大勢のファンが魅了されていきました。

思い返せば、彼の入団会見から引きつけられました。いきなりカブスの応援歌『Go Cubs Go』※1の歌詞で語りかけるという粋なスピーチで、一瞬でシカゴファンの心を摑んで場内を沸かせたのですから。シカゴという街の雰囲気に今永も合っていたのだと思います。

シカゴは、イリノイ州というアメリカ中西部にある、一風変わった街です。大都市なのですが、とてもフレンドリーでニューヨークよりも親しみやすい雰囲気があるのです。ファンもベースボールが大好きで、ベースボールの知識が豊富です。残念ながら常勝軍団ではないので、勝つことには慣れていませんが、チームが勝った時は本当に喜びます。だから、今永のように野球に造詣が深く、ユニークなナイスガイはぴったりなのだと思います。

私はわずか1年でこれほど順応した選手を見たことがありません。今では、誰もが彼をオールスター投手で、カブスのスーパースターと認めています。彼のおかげでカブスファンが増えたとも言われています。ここまでの成功は誰も予想できませんでした。私はオールスターゲームで彼と少し話せたのですが、彼自身もこれほどまでの活躍は想像していなかったと明かしていました。本人を含めた誰もが、嬉しいサプライズの成功劇となったのです。

身長が低い投手でも支配的エースになれることを証明

今永に、浮き上がるようなストレート（アメリカで言うフォーシーム・ファストボール）を生み出すため、どのような握り方をしているのか尋ねました。すると、人差し指と中指を完全に伸ばさないように、やや曲げた状態で握るのがカギだと教えてくれました。そうすると縫い目に対してしっかりとした引っかかりが作れるので、ボールをリリースする時により大きな摩擦と回転力が生まれ、伸び上がるような軌道のストレートになるのだそうです。

通常、ボールは速く投げるとスピン量も多くなりますが、十分な速さがなくとも回転率を高くすることができれば、ボールは沈むことなく高めのストライクゾーンに収まります。今永のストレートは、打者からすると物理的には92マイル（約148キロ）の速度でありながら、視覚的には100マイル（約160キロ）の速球のように見えるのです。

今永は、豪速球を投げなくとも、極上のストレートでストライクゾーンの上部を狙うことができれば、支配的なピッチングが可能であることを証明しました。私は日本時代の彼のヒートマップ※2を持っていないので、わからないのですが、日本でも主に投手はストライクゾーンではヒザ下など低めを狙うのがセオリーだったかと思います。アメリカでもかつてはそうでしたが、上向きにスイングすることが主流になった昨今は、そうした低い球は長打されやすくなりました。ボールがスイングと同じような角度で入ってくるので、持ち上げやすいのです。それとは真逆なので、今永のストレートは捉えにくいのです。

これまでアメリカでは背の高い投手しか注目されませんでした。伝統的に投手は、6フィート3インチ（190・5センチ）か6フィート4インチ（193センチ）くらいで、例えばロジャー・クレメンスやジェイコブ・デグロムのような大柄な選手が理想とされてきました。しかし今では、必ずしも背が高くて大柄である必要がないことがわかっています。

とはいえ、背が低くても支配的なピッチングができるタイプの投手は決して多くありません。ビリー・ワグナー（今永と同じ5フィート10インチ、約178センチ）や少し大きくなりますがクレイグ・キンブレル（6フィート、約183センチ）が最初の例でしょう。マーカス・ストローマン（5フィート7インチ、約170センチ）も小柄ですが、彼はシンカーを軸とする投手なので、ゴロを打たせて取るタイプです。

ところが今永は、パワーピッチャーさながらに力強く三振を量産しました。マウンドさばきといい、まるで、2022年に先発投手の史上最速ストレートとなる102・4マイル（約164・8キロ）を記録し、2023年に281奪三振をマークしたスペンサー・ストライダー（6フィート、約183センチ）のようでした。背の低い先発投手には、とても珍しいタイプです。今永は今後、背の低い投手が目指すべきお手本になることでしょう。

今永昇太のオーバーレイ動画
https://x.com/PitchingNinja/status/1837964090074939396

自然体で人を惹きつける『投げる哲学者』

日本では「The Throwing Philosopher（投げる哲学者）」というニックネームで呼ばれていたそうですね。本人いわく、「僕は少し変わった性格であることは自負していているのですが、自分的には普通のことを言っているつもりが、どうも小難しく（英語では洗練された意味を含むsophisticatedと訳され、さらに話題になった）聞こえるらしく、そう名付けてもらいました」というのです。彼の自己認識のとおりで、普通の人とは違った考え方をするところがあります。だから質問に対しての回答も、〝普通〟に答えていてもウィットに富んでいて面白いのでしょう。

今永は、何事においてもよく考えていることが窺えます。日本では彼がピッチングについて説いている著書※3が出版されているそうですが、書籍になるぐらい多くの哲学があることでしょう。ちなみに、今の彼の最大の武器となっている

ストレートに関しては、ダルビッシュと話し、握りや投げ方などを研究したようです。私はオールスターゲームで彼と少し話しただけですが、じっくりと掘り下げた話をして、彼がどう考えているのかを本当に理解したいと思っています。

彼は賢明であるうえ、人柄の良さがにじみ出ています。とてもユニークで、生まれながらの愛され気質なのだと思います。

2024年8月、シカゴの本拠地リグレー・フィールドで、いつも選手の入り待ちをして写真を撮っている長年のファンの女性に、コーヒーの差し入れをしたことが話題になりました。また外野席には、彼の熱狂的なファンの若者グループがいて、上半身に「ＳＨＯＴＡ！」と一人一文字ずつ描いては、雨の日も気温が一桁の日も服をまくり上げて応援する姿が話題になっていましたが、彼らに今永は、服をまくり上げなくても良いように、同じように「ＳＨＯＴＡ！」と一文字ずつプリントしたカブスブルーのＴシャツをプレゼントしました。

そんなことを自然にできる選手はなかなかいません。そうした細かな気遣いが、シカゴの現地ファンの心を捉えるのだと思います。ついには、シカゴと昇太をあわせて文字った『ＳＨＯＣＡＧＯ（ショーカゴ）』や『ＳＨＯＴＡＭＡＮＩＡ（ショータマニア）』と書かれた様々なＴシャツが発売されるようになりました。シカゴのファンがどれほど彼を愛しているかがわかります。

また、彼にはMike Imanaga Ⅱ（今永マイク二世）という〝別名〟があることも知られるようになりました。

『Mike』はコーヒーショップで注文するときに『Shota』だと伝わりにくいので使うようになったそうです。これも粋で、マイクと言えばマイケル・ジョーダン※4であり、シカゴにとって特別な名前です。『II（二世）』をつけたのは、「単純に響きがカッコいいから」と答えたそうですが、マイケル・ジョーダンに敬意を表してのことだと思われます。オールターゲームで、今永が登場曲に『Be Like Mike』を使用したことからも明らかです。同曲は、1991年にマイケル・ジョーダンを称えるため、スポーツ飲料「ゲータレード」のCM曲として制作され、瞬く間にアメリカを席巻しました。「ジョーダンのようにプレーして、彼のように成功したい」という願望が込められた歌詞で、大人から子どもまで広く親しまれた曲です。

今永は、クラブハウスでのロッカーのネームプレートも〝別名〟に変更しました。チームメイトも「Mike」と呼んでいるそうです。また、チームメイトには鈴木誠也もいますが、彼もユーモアに富んだ性格なので、二人で楽しいコンビとなっているようです。シカゴは、即興コメディ（インプロビゼーション）の発祥地の一つで、ビル・マーレイなどの名優を輩出したユーモアを愛する街でもあるので、二人の愉快なキャラクターがとても合ったように思います。彼らが同じチームになったことで、チーム全体にさらに明るい雰囲気をもたらしているようです。

それでいてマウンドでの今永は、まるでパワーピッチャーのように相手を圧倒します。大事な場面で大きな三振を奪った時には、グラブを叩いて雄叫びを上げるのです。見ているファンが熱くなるのは必至です。彼は非常にコントロールが良いので、ピンポイントに狙って投げていることがわかります。審判の判定に悩まされることもありましたが、その制球力でかなりうまくやっていると思います。

今永は、優しくて面白くて、普通とは違うユニークな考え方を持っていて、すべて見事にやってのけています。彼が投げるたびに、何か面白いことが起こるのではないかと思わせてくれました。あまりに見ていて楽しいので、私もスプリング・トレーニングから全試合を見ました。注目しないでいることが難しいエースです。彼はこれからも進化していくでしょうし、ファンも増えていくことでしょう。

※１　『Go Cubs Go』
本拠地リグレー・フィールドで、カブスが勝利すると必ず流される伝統の公式応援歌で、１９８４年にシンガー・ソングライターでカブスファンのスティーブ・グッドマンが制作した。みんなで一緒に歌うことで勝利の喜びを分かち合い、ファン同士の絆を深める一翼を担う。今永は入団会見でいきなり、英語で「Hey Chicago, what do you say? The Cubs are gonna win today.（やあ、シカゴのみんな。いいかな、今日はカブスが勝つぞ）」と切り出し、「Go Cubs Go!」と曲のタイトルで締めくくって話題になった

※２　ヒートマップ
日本では投球マップと呼ばれることが多い。投手がどのゾーンにどれだけの頻度でボールを投げたかを視覚的に示すツール

※３　著書
『今永昇太のピッチングバイブル』今永昇太著／ベースボール・マガジン社。自身の投球について詳しく語った一冊

※４　マイケル・ジョーダン
１９８０年代から１９９０年代にＮＢＡの世界的ブームを牽引した「バスケットボールの神様」。シカゴ・ブルズを6度のＮＢＡ制覇に導いた。ユナイテッド・センター（ブルズのホームアリーナ）は「マイケルの神殿」と呼ばれる。マイケルは、シカゴの人々にとってスポーツ選手以上の存在。地域の誇りの象徴であり、都市のアイデンティティの一部となっている

今永昇太
Shota Imanaga

1993年、福岡県北九州市出身。福岡県立北筑高校3年時の春季福岡大会1回戦、折尾愛真高戦で14奪三振を奪いNPBスカウトから注目を浴びる。駒澤大学に進学すると1年春から東都大学リーグ公式戦に登板。2年生の春季リーグ戦でエースの座に就く。3年秋のリーグ戦ではMVP、最優秀投手、ベストナインの3冠、チームの26季ぶりの優勝に貢献した。2015年、ドラフト1位で横浜DeNAベイスターズから指名される。2016年3月29日の対読売ジャイアンツ戦で先発投手としてプロ入り初登板。この試合から5試合先発登板し、4試合でクオリティスタートを達成しながら開幕4連敗を喫した。5月6日の対広島東洋カープ戦でプロ入り初勝利。2022年6月7日の対北海道日本ハムファイターズ戦で史上85人目のノーヒットノーランを達成。2023年WBC日本代表に選出され、日本の世界一に貢献。11月11日、ポスティングシステムを利用したMLB挑戦を表明。2024年1月11日、シカゴ・カブスとの契約を発表。4年総額5300万ドル(約77億円)となり、日本選手渡米時歴代5位となる大型契約となった。4月1日のホーム開幕戦でメジャー初登板初先発し6回9奪三振無四球無失点でメジャー初勝利。7月にはオールスターゲームに選出される。178センチ、80キロ、左投左打

MLB年度別成績

年（所属チーム）	登板	勝	敗	セーブ	投球回	与四死球	奪三振	防御率
2024（CHC）	29	15	3	0	173.1	31	174	2.91

CHC：シカゴ・カブス

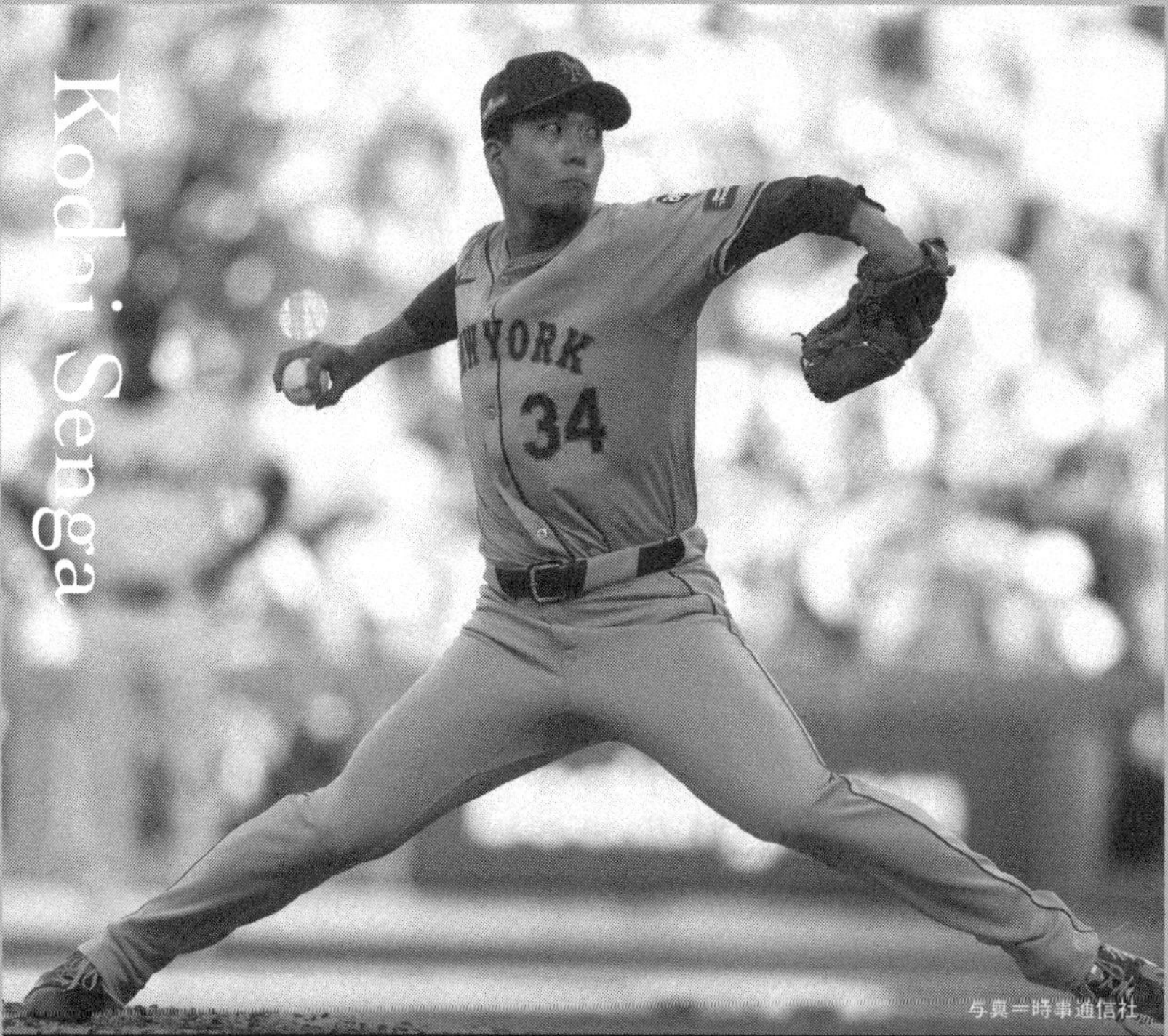

写真＝時事通信社

第4章
お化けフォークと驚異的柔軟性
千賀滉大
（ニューヨーク・メッツ）

先発投手／32歳／右投げ

福岡ソフトバンクホークス〜
ニューヨーク・メッツ

消えるフォーク。その秘訣はレジェンド級の柔軟性

千賀滉大を有名にしたのは、消える魔球で知られる「お化けフォーク（ghost fork）」でしょう。彼の持ち球は、この特異な変化球だけでなくカッター（カットボール）やスウィーパーも素晴らしく、軸となるストレートは100マイル（約161キロ）にも達します。非常にワクワクさせてくれる投手なので、私は彼がメジャーリーグに移籍する前から注目していました。お化けフォークという名前も実にいいネーミングです。私は球種に名前をつけるのが大好きなので、先にこの名前を思いつかなかったことを悔しく思うほど。まさに、お化けのように目の前で消えて見える最高のボールです。

お化けフォークの最大の特徴は、その回転数の少なさです。通常、速い球を投げるとボールには多くのスピンが掛かるものですが、千賀はスピンを抑えながら、

速くて落ちる球が投げられるのです。バッターから見ると、その軌道は彼が投げるストレートに酷似しています。私は、2023年にオールスターゲームに出場したブレント・ルッカー（当時オークランド・アスレチックス）に、千賀との対戦について話を聞きましたが、ブレントは「（ボールをリリースして）53フィート（16メートル超）ぐらいまではストレートに見えるのに最後の7フィート（2メートル超）ぐらいで急にワンバウンドするほど激しく落ちるんだ。振るなと言うのは簡単だけれど、僕ら打者は勝負の中で、瞬時に打てるストレートを見極めて振らなければならない。実際、千賀を攻略するのは不可能だ。彼を攻略するには、読みが完全にマッチしていないといけない……」ともはやお手上げ状態でした。

とはいえ、ブレントら打者も一流なので研究して対策を練ります。ほどなく、彼らは最後の7フィートが膝付近から始まる球はゴーストフォークとみなし、見送るようにしました。しかし、打者らの反応を見て、千賀は気づきます。ならばと、今度はストレートもより低く投じて、打者が見逃すとストライクになるよう修正したのです。千賀は「ここでは打者がすぐに対応してくるので、対抗するために低めのストレートも投げるようにしました。そうすると見送られても、見逃しでストライクが取れるので」とその時の心境を教えてくれました。

千賀に初めて会ったとき、握手を交わして挨拶をしました。その瞬間、彼の手の大きさに驚かされました。見せてもらうと彼の指は思った以上に長く、二重関節のように柔らかいのです。私は、メジャーリーグ史上最も支配的で技巧的な投手の一人と名高いペドロ・マルティネスの手を思い出しました。

千賀にインタビューするピッチングニンジャ（右）

マルティネスは２００９年に引退するまでの18年間のＭＬＢキャリアで、２１９勝１００敗、防御率２・９３、３１５４奪三振を記録。サイ・ヤング賞を３回受賞し、１９９９年にはレッドソックス史上初となるシーズン３００奪三振（最終的に３１３奪三振）を記録する、記憶にも残る圧倒的な投手でしたが、マルティネスはとても指が長く、二重関節かのように柔らかく、指を後ろに大きく曲げることができました。

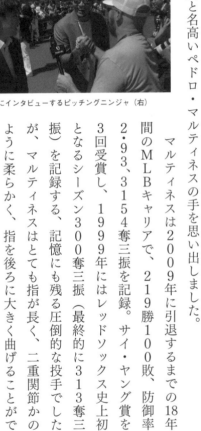

彼本人も「私は宇宙人なのかな？」と自身の手の特徴をネタにしているほどですが、その指の長さと柔軟性を活かしてボールを制球していたのです。この身体的特徴は非常に珍しく、訓練でどうにかできるものではありません。生来の利点です。千賀のスプリッターは、ムチのようにしなって投じられています。あれほど巧みに投げられているのも、マルティネスのように柔らかい手だからこそなし得るのかもしれません。

千賀滉大のオーバーレイ動画
https://x.com/PitchingNinja/status/1676778842738786304

フォークは日本の国民的球種？
なぜストレートと見分けがつかないのか

実はアメリカでは、なぜかフォークとスプリッターを区別せずに呼んでいます。スプリッターは、正式にはスプリットフィンガー・ファストボール（Split finger fastball）と言いますが、フォークを投げる投手はほとんどいなかったからか、フォークもスプリッターの一種として含まれるなど区別は曖昧です。地域や投手によっても、呼び方が異なることも少なくありません。どちらも、人差し指と中指の間にボールを挟んで投げる、いわゆる落ちる変化球です。技術的には、フォークはより広く指を開いて回転数を抑えるので、急激な落ち幅となりますが、スプリッターはもう少し狭く握り、よりストレートに近く指先で投げる感じなので、スピードもフォークより速く、小さく鋭く落ちる球になります。ややこしいですが、例えばローガン・ギルバート※1 はスプリッターを投げているとされていますが、実際には非常に回転率が低い優れたフォークボールです。彼と話しましたが、千賀のお化けフォークの握りを真似してスプリッターを磨いたのだそうです。

フォークはメジャーリーグでも希少性が高く、勝負球になり得ます。しかし、アメリカでは80年代に何人かの投手がフォークを多用し、怪我に苦しみました。そのため、フォークと怪我の因果関係は証明されないまま「フォークボールは怪我をしやすい」という認識が広がりました。以来、アメリカでは嫌厭されるようになり、投げ手がほとんどいなくなったのです。

その一方で、日本ではフォークを投げる投手が多く、今では国民的な球種となりました。実は、かつてロジャー・クレメンスが、日本に行ったときに、野茂英雄など日本の投手たちにフォークボールを伝授しています。彼が言うには、多くの日本人投手がフォークを得意とするのは、アメリカ人よりも比較的手が小さいことと関係しているだろうといいます。ボールが深く手に収まってしまうため、スプリッターにはならずフォークになるのだろうと明かしていました。その逆で、手が大きいとスプリッターが投げやすくなります。

　また、クレメンスが言うにはフォークなどのスプリッターは、打席にいる打者から見るとストレートと同じ握りのように見えます。スライダーなどの変化球なら、手首が横に見えてきますが、スプリッターはボールを握る指が分かれているだけで、ストレートと同様に手首の前面が見えるかたちです。そのため、スプリッターもフォークも、打者にはストレートを投げる手と同じように見えるため、非常に区別が難しいのです。

　とても有効な勝負球となりますが、千賀は当初、メジャーの滑りやすいボールを扱って投げることに苦しんでいました。彼が言うには、日本のボールが掛かりよく沈みこむように手にフィットするのと違って、MLBの硬いレザーによるボールでは、リリースの感覚が変わって抜けやすく、変化量にも影響が出るとのことでした。そのため、トラックマン※2、ラプソード※3などの計測機器を使いながら調整を重ねていったといいます。

　また、シーズン中でも持ち球の改良に励むことを私とのインタビューでも公言していたとおり、彼は修正だけでなく改良も重ねていたようです。ルーキーイヤーの2023年にしてエースの活躍ができた理由の一つと思います。

千賀は初年度、29試合に先発して12勝7敗、202奪三振の防御率2・98でしたが、シーズン200奪三振以上を記録したルーキーは、1984年に276奪三振だった伝説的投手、ドワイト・グッデン以来の偉業です。防御率もリーグ2位で、最優秀新人（新人王）でも2位、サイ・ヤング賞投票でも7位と結果に示しました。

気難しいニューヨークのファンにもすぐに受け入れられた人間性

ニューヨークのファンは、選手に厳しいことで知られていますが、千賀はその活躍ぶりだけでなく、人柄でも現地ファンにとても愛されています。

ルーキーイヤーから見事な成績を収めたとはいえ、折々で修正に苦労した場面もありました。しかし、千賀はいつも高い競争心を保ちながらマウンドに立っていました。打ち込まれて途中降板した時や敗戦投手になった時も、責任を負うことを潔く受け入れます。いつも気概を見せて、一切の言い訳をしません。エネルギッシュで闘争心がありながらも、とても賢明な投手です。良いパフォーマンスが出せなかった時に多くを語ることはなく、「今日は調子が悪かった」と語るのみ。いつもと変わらない自然体で、チームのために投げる姿勢を崩しませんでした。そうした姿勢がニューヨークの厳しいファンの目に適ったのでしょう。

2024年シーズンは、右肩の負傷のために出遅れ、7月26日のブレーブス戦で復帰しましたが、試合中に左ふくらはぎを痛めて緊急降板。5回まで2安打2失点、9奪三振と、素晴らしいパフォーマンスで、全力を発揮しているようでしたが、万全ではなかったことが災いしたのでしょう。6回の先頭打者を内野フライに抑えた後、倒れ込んでしまいました。そうした場面でチームメイトもファンも心配し、スタンディングオベーションが送られました。ファンの中には「復帰を急ぎすぎた」という声もあったほどです。

千賀は万全ではないことを理由に、復帰を遅らせることもできましたが、そうしませんでした。アクシデントによって最高のパフォーマンスとはならなかったものの、現地でこのことを批判する人はいませんでした。ニューヨークでは珍しいことです。彼がリスペクトされている証でしょう。

２０２４年のレギュラーシーズンは、この１登板のみ（チームは勝利し、千賀も１勝を挙げた）。それでも千賀に対する期待は高く、メッツはポストシーズンでフィラデルフィア・フィリーズとの地区シリーズ第１戦の先発投手に千賀を指名しました。ブレーブス戦での緊急降板以来、リハビリを続けてきた千賀の再びの復帰登板です。

前日会見で、千賀は地元記者から「明日は何球ぐらい投げる予定なのか？」と尋ねられると、「10球なら10球だし、２００球なら２００球。言われたところまで投げます」と答えました。どんな状態であれ、チームのためにたとえ２００球であろうと、監督に交代を告げられるまで投げ続けると言ったんです。こうした自己犠牲を誓う選手は、ＭＬＢでは尊敬されます。監督もチームメイトも、ファンも彼のことを誇りに思うと話題になりました。

多くを語らず、マウンドで魅せる。代名詞となる変化球は、消える魔球のお化けフォークです。そうした神秘的なところも、ファンの心を捉えるのでしょう。球団は、ユーモアたっぷりのCMを制作して「お化けフォークは本物のお化けじゃないよ」とファンに呼びかけましたが、そうしたギャップも奏功しているようです。

千賀は真摯ですが、気さくです。オールスターゲームのレッドカーペットパレードでは、私を見つけてわざわざ来てくれたほどのナイスガイなのです。それに以前、インタビューしたときに「アメリカに来て気に入った食べ物はなんですか?」と尋ねたのですが、千賀は「コーンを乗せたピザ」と答えました。アメリカではピザにコーンを乗せることはほとんどないのに。そう伝えると、「子どもっぽいかもしれないけど、ピザと相性が良いよね」と屈託なく語ってくれました。神秘的なところを持ちながらも、親しみやすくて、愛嬌があります。誰もが好きになってしまう選手と思います。

MLBファン全員が見るべき投手

千賀がメッツに入団した当初は、三度のサイ・ヤング賞に輝いた大エースのジャスティン・バーランダーとマックス・シャーザーがチームにいました。彼らともいい関係を築いていたようですし、多くを吸収したことでしょう。また逆に、チームメイトのタイラー・メギルは、千賀からフォークを学んでいます。彼は、ゴーストフォークと呼ぶのは避けて、スプーンとフォークを合わせた「スポーク」と名付けています。これも素晴らしい球種です。

メッツファンを除く多くの人は、千賀はお化けフォークだけが凄いと思っているようですが、彼は投球技術やメンタリティ、人間性までも、実に多くを備えた素晴らしい投手です。MLBファンなら、全員が見ておくべき投手の一人です。

※1　ローガン・ギルバート
2018年ドラフト1巡目（14位）指名でシアトル・マリナーズに入団した成長著しい若手投手。2021年5月13日、メジャーデビュー。2024年シーズンは、防御率3・23、220奪三振などを記録し、サイ・ヤング賞の投票で5位。自他ともに認めるピッチングオタクで、持ち球のレベルアップに余念がない

※2　トラックマン
TRACKMAN社が開発した、野球やゴルフなどのスポーツで使用される弾道測定システム。レーダー技術を用いて、投球や打球の速度、回転数、角度、軌道などを高精度で計測する。野球ではピッチングの動作解析や打撃のデータ分析に活用されている

※3　ラプソード
Rapsodo社が開発した同様の計測機器。カメラとセンサーを組み合わせ、投球や打球の速度、スピン率、角度などをリアルタイムで分析する。トラックマンより安価で持ち運び可能なシステムのため、練習用にアマチュアでも導入が盛んで、個人でもパフォーマンス向上のツールとして活用されている

千賀滉大
Kodai Senga

1993年、愛知県蒲郡市出身。2010年の育成ドラフト会議で福岡ソフトバンクホークスから4位で指名される。2011年8月、3軍で150キロを計測。2012年の春季キャンプ終盤で1軍に抜擢され、4月23日に支配下登録。30日の千葉ロッテマリーンズ戦でプロ初登板・初先発を果たすも勝敗はつかず。その後は2軍に降格。2013年、中継ぎとして開幕1軍入り。プロ初のリリーフ登板をすると、初ホールド、5月12日の埼玉西武ライオンズ戦で中継ぎでプロ入り初勝利を挙げる。27登板試合連続無失点を記録するなどセットアッパーとして活躍する。2015年、先発へ転向すると8月18日のオリックス・バファローズ戦で先発初勝利。2016年は先発として定着。2017年、WBC日本代表に選出。オフにポスティングによるメジャー移籍を球団に直訴するも拒否される。2020年、最多勝利、最多奪三振、最優秀防御率の投手3冠を獲得。2022年オフ、海外FA権を行使し、12月18日、ニューヨーク・メッツと5年総額7500万ドル(約102億7500万円)で契約。2023年4月2日の本拠地でのマイアミ・マーリンズ戦でメジャー初登板初先発初勝利を挙げた。オフには新人王投票2位、サイ・ヤング賞投票でも7位に入った。2024年、右肩痛を発症してこの年は1試合の登板に終わった。185センチ、92キロ、右投左打

MLB年度別成績

年（所属チーム）	登板	勝	敗	セーブ	投球回	与四死球	奪三振	防御率
2023（NYM）	29	12	7	0	166.1	82	202	2.98
2024（NYM）	1	1	0	0	5.1	2	9	0.56
MLB計（2年）	30	13	7	0	171.2	84	211	2.99

NYM：ニューヨーク・メッツ

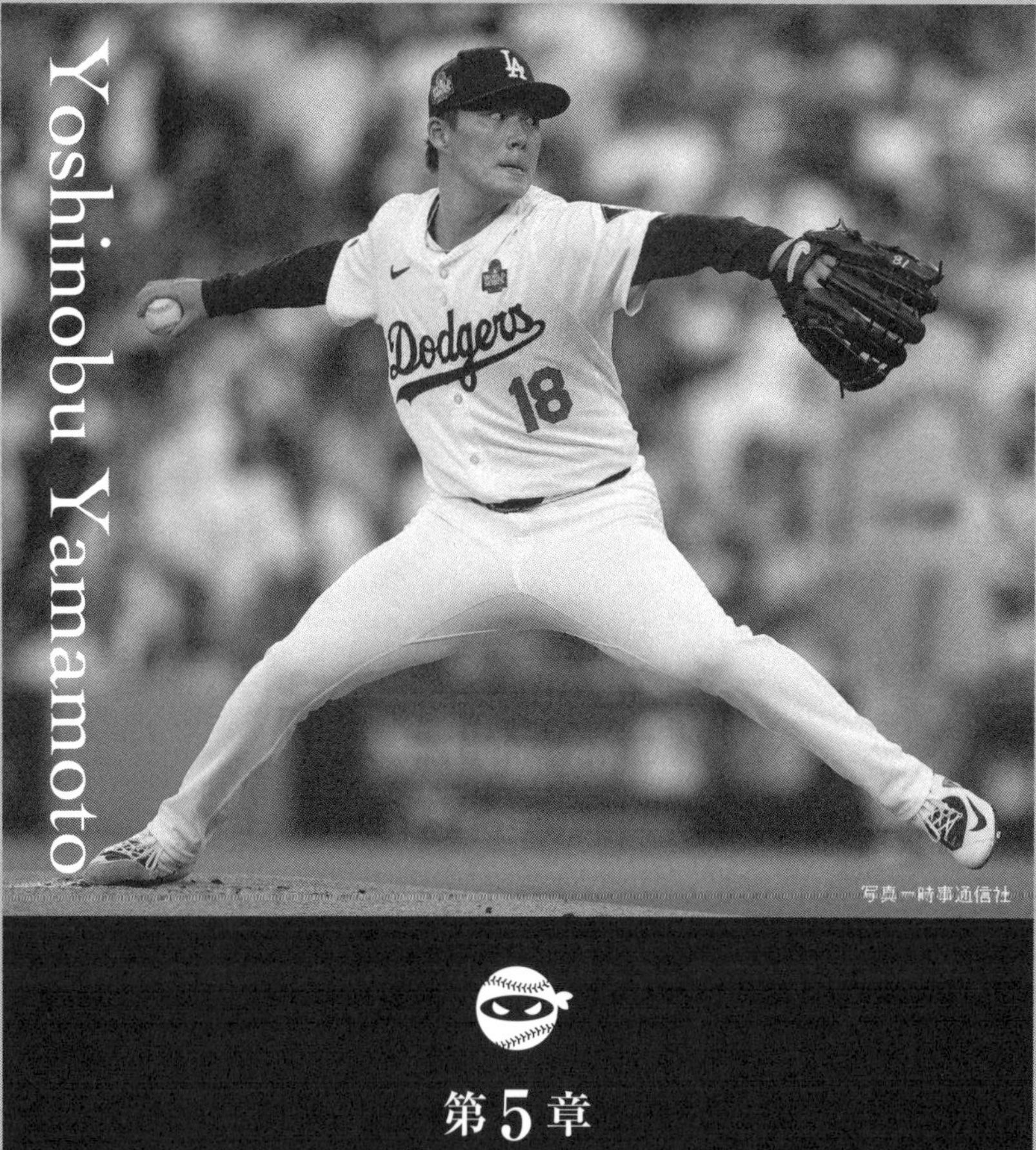

Yoshinobu Yamamoto

写真＝時事通信社

第5章
歴代ナンバーワンの“ピッチングの神”
山本由伸
（ロサンゼルス・ドジャース）

先発投手／26歳／右投げ

オリックス・バファローズ〜
ロサンゼルス・ドジャース

歴代ナンバーワンの投手による神がかったピッチトンネル

山本由伸は、これまでに日本からやって来た投手の中で歴代最高の逸材でしょう。最速159キロのストレートに、すべてが一級品の多彩な変化球を持つ日本のエースです。山本は、2021年から2023年にかけて史上初の3年連続沢村賞、投手四冠（勝利数、防御率、奪三振、勝率）を達成しています。

アメリカに来る前の2023年シーズンは、16勝6敗、防御率1・21、169奪三振で、所属チームのオリックス・バファローズのリーグ三連覇に貢献しました。オリックスでは2022年に日本一も経験しましたが、国際舞台でも日本代表として、2019年のプレミア12、2021年の東京オリンピック、そして2023年のWBCで金メダルを獲得しました（さらに、2024年はそこにドジャースでのワールドチャンピオンも加わりました）。データと実績を見れば、もはや〝ピッチングの神〟です。

それだけの投手がやって来るのですから、私も事前に日本時代の彼の映像をすべて見ました。ただ実際に見たことがなかったので、２０２４年はすぐアリゾナでのスプリング・トレーニングに足を運びました。そこで山本が初めて登板した時、バックネット裏から彼の投球を見ることができました。実際に見てみて、なぜ彼がこれほど素晴らしいかがよくわかりました。

まず、狙ったコースに正確に投げる制球力が卓越しています。要求されたところに、ストレートでも変化球でも見事に投げ込むことができます。また、どの球種もキレや変化が絶品で、球速も備えている。すべての要素が最高の組み合わせで備わっています。

しかも、それらを発揮するための投球メカニクスの再現性も極めて高いので、打者が攻略できないのでしょう。加えて、メジャーリーグでは欠かせない闘争心。負けん気とも言えるマウンドでの気の強さは、実際に投げているところを見なければわからないので楽しみにしていたのですが、これも非常に強いものを感じることができました。それでいて、山本はピッチングＩＱも高い。配球をうまく組み立てながら、ピッチトンネルを駆使していることが窺えました。

ピッチトンネルとは、投手がストレートや変化球などの複数の球種を投げる際に、リリースポイントやボールの軌道をできるだけ似せることで、打者に球種を見極めにくくさせる技術や概念です。投球がトンネル（同じ軌道）を通過しているように見えるため、打者が打つまでに球種の違いに気づく時間が短くなり、結果的にスイングのミスを誘いやすくなります。

例えば、打者が90マイル（約１４５キロ）の球を打ち返す猶予はわずか０・４３秒。反応が０・０１秒遅れると、打撃ポイントは約40センチずれるとも言われます。ピッチトンネルは、投手と打者が繰り広げる０コンマ何秒の攻防で、打者に球種を見極めるタイミングを遅らせる革新的な技術なのです。

私は山本のストレートと変化球のオーバーレイをいくつも作成していますが、彼の投球はどれも驚くほど同じに見えます。リリースポイントは完全に同じようですし、すべての球種が打席目前まで同じような軌道なので、打者にとって球種を見分けるには遅すぎるということが多いのです。驚くことに、スプリッターやカーブですらストレートと同じように見えます。打者としては、できるだけ早く手がかりを見つけて球種を絞り込んで、スイングのタイミングを決めなければならないというのにです。

山本由伸のオーバーレイ動画
https://x.com/PitchingNinja/status/1770769295041081348

元来ピッチトンネルは、トレバー・バウワー（横浜ＤｅＮＡベイスターズ）やダルビッシュ有によって広く知られるようになった新しい投球術です。メジャーでも投手の誰もがうまく活用しているわけではありません。そのため、メジャーリーガーたちが思い切りよくストレートだと思ってスイングした球が、見当違いの変化球だったというスイングミスも多く見られるのです。

命名「ヨーヨーカーブ」の特異性、極上のスプリッター

山本はどの球種も素晴らしいですが、なかでも非常に印象深いのはカーブです。データに現れる数値から判断するならば、決して最高の球とは言えないかもしれませんが、私にとっては最もユニークな球だと考えます。というのも、見たことのない投げ方をしているからです。

通常はカーブというと、中指と人差し指をボールの縫い目に掛け、親指は反対側の縫い目に掛けます。ストレートと同様の腕の振りですが、中指と人差し指は前向き、つまり手の甲が外側を向いた状態で、ボールに縦回転を生みやすくしてリリースするのです。ところが、山本はまるでヨーヨーを扱うように手の甲が捕手方向を向いていて、親指がボールの上に乗った状態でリリースしているのです。見るからに難易度が高い異質な球と思いました。

そもそもメジャーでこのようにカーブを投げる投手はいません。調べたところ、沖縄県の宜野座高校の元監督である奥浜正氏が、このような投げ方をする独特なカーブを考案し、日本では「魔球」として話題になったようです。その影響を受けたのでしょうか。

あれはまさにヨーヨーを投げているような投げ方で、確かにこの投げ方だとスピンがよく掛かるのが見て取れるのですが、同時になぜ山本はあんなに速く投げられるのか不思議でなりません。そのため、彼が投げているのを見た当初から「ちょっと待って。こんなの見たことがないよ！」と私は興奮しながらネット上で指摘していました。

ただ、そう思った人はあまりいなかったようで、MLB中継でも彼のカーブのリプレイはスローモーションで流れているにもかかわらず、騒いでいたのは私しかいませんでした。それでも日本の野球ファンの皆さんはベースボールを細やかに見ることに長けているので、私のフォロワーや日本のメディアの人たちが比較的すぐに気づいてくれました。アメリカでは中継チームの実況や解説の方々も気づいていなかったのか、言及されませんでしたが。

ともあれ私は驚きを禁じ得なかったので、彼のカーブを「ヨーヨーカーブ」と名付け、より多くの人に注目してもらえるよう動画を作成、発信しました。もっと話題になって、多くの投手が学ぶきっかけの一つになればいいと考えたからです。

山本のヨーヨーカーブが凄いのは、ほぼ3000RPMという回転数で大きく落ちるだけでなく、横方向にも大きく変化できる点です。つまり、縦と横の二方向で大きく変化するのです。

クレイトン・カーショウのカーブは、縦方向の急激な落差で知られていますが、山本のヨーヨーカーブは彼のカーブに匹敵するほどの落差の変化量を持ちます。いわゆる12－6（twelve-to-six）のカーブです。12－6のカーブとは、時計の12時（真上）から6時（真下）へと縦に大きく曲がる変化を指します。このような大きな落差があるだけでなく、横方向にも大きな変化を加えられるので、山本は一日中このカーブを投げていたとしても早々に攻略されることはないでしょう。そのぐらい打者にとって厄介な球だと思います。

山本は90マイル後半（150キロ後半）のストレートも思い通りに投げ分けることができます。これも言うまでもなく、素晴らしい球です。どの球も本当に極上なのですが、あえて一つを選ぶとすると、彼の最高の球はスプリッターではないかと思っています。なぜなら、彼のスプリッターは、93マイル（約150キロ）に達することもあるのです。

それほどの速さがあるのに、打者の目前で急激に落ちる特性があるのです。ストレートとの球速差がほとんどないにもかかわらず、まるで違う球なのです。一体どうやって投げているのか、もはや〝反則レベル〟の球に思えます。これほど速く落ちる球を打つのは至難の業です。打者のスイングミスを誘う最高の球なのではないでしょうか。

ドジャースは山本にとって完璧なチーム

山本はすべてを兼ね備えていますが、メジャー移籍後に投球のクセがバレるという問題が生じました。彼が少し油断していた当初のことです。メジャーリーグでは、投手を攻略するために、相手チームは球種の手掛かりとなる投手のクセをことごとく分析します。山本は見事に同じメカニクスであらゆる球種を投げますが、メカニクス以外にも投手は投球テンポ、静止中のグラブの位置、顔の表情など、何かしらのクセがあるものです。これらすべてを詳らかにしようとするのです。

例えば、グラブの中で球を握る時やグリップを変える時に見せる、前腕の筋肉のわずかな動きをも観察しています。球場には最先端技術の備わったカメラがたくさん設置されているので、徹底的に分析した結果、「これがスプリッターを投げる時のクセだ」とわかると、即座に相手チームの打者は球種を予測できるようになるのです。

今や〝イタチごっこ〟のようなものなので、投手はクセがバレては修正するということが繰り返されています。山本も同様に、この「クセバレ」の問題解決に追われましたが、ドジャースのサポートを得てしっかりと順応しました。問題らしい問題はこれぐらいなので、今後メジャーリーグで長く活躍し、サイ・ヤング賞の候補として常に名前が挙がるような投手になると思われます。本当にエリート中のエリート投手だと思います。

山本は、メジャー移籍の初年度からワールドチャンピオンに輝きました。ポストシーズンは、2024年10月5日のサンディエゴ・パドレスとの初戦こそ3回5安打5失点とふるいませんでしたが、初めてのプレーオフだったため、緊張が多少なりとも影響したのではないかと考えています。

ベースボールは、メンタルが大きな影響を与えるスポーツです。レギュラーシーズンとは別世界なほどに盛り上がるスタジアムで、ワールドチャンピオンへの道へ続く最初の登板でした。

フィールドにはベースボール界で最高レベルの選手たちが揃い、ファンも地鳴りのような応援でその期待を伝えます。そうした状況下で、自身の能力を発揮して勝ちたいと意気込むのですから、緊張の影響があるのは自然なことです。山本の能力には、全く問題はありませんが、わずかな心理面のゆらぎが大きく投球に影響を与える以上、そういった部分があったように思います。ですが、これもすぐに順応しました。続く10月11日のパドレス戦では、5回2安打無失点と試合をつくり、チームを勝利に導いています。

山本はマウンドでは、クールでめったに喜怒哀楽を出すことはありませんが、内心は緊張していたのだと推察します。思うに、大谷翔平の存在はとても大きかったのではないでしょうか。大谷はチームを明るく盛り立てたり、お調子者のような振る舞いをしたりして、山本を巻き込んで彼を楽しませています。山本は大谷ほど外交的ではないように見えます。

一方の大谷は、ベンチでも目立っていて、まるで大きな子どものようです。彼が雰囲気を和らげていることは、同じ日本から来た山本にとっても心地よいことでしょう。しかも、単なるムードメーカーどころか、すでにメジャーで多くを経験してきた最高の見本となる逸材です。非常に賢い選手でもあり、その経験と知識をいかんなく山本に伝えられます。これ以上、理想的な環境はないでしょう。

メジャーのトップレベルの投手らが感嘆する独自のトレーニング

ドジャースには、タイラー・グラスノーというエース格の投手がいます。身長203センチ・体重102キロでという恵まれた体躯で、長い手足を活かしたメカニクスが特徴的です。身長178センチ・体重80キロの山本とは、体型もスタイルも異なる投手ですが、グラスノーは山本の無駄のないメカニクスやトレーニング方法に感銘を受け、多くを学んでいるといいます。

山本はウエイトトレーニングを行わず、独自のエクササイズを実践していますが、なかでもやり投げの練習器具「ジャベリン」を取り入れたトレーニングは独特だったとグラスノーは述懐しています。これはアメリカでは誰も行っていない練習方法で、グラスノーは山本から、ジャベリンを使った投球動作が肩の健康を守る効果があることを学び、実際に投げると痛みがなかったと明かしています。

また、彼は山本の柔軟性と可動域にも衝撃を受けたようです。山本は、ブリッジの状態で身体を回転させるというトレーニング方法も知られていますが、まるで骨がないゴムのように身体が動くのです。さすがにこれは誰にでも真似できることではありません。

グラスノーは、山本がいかに洗練された独自のトレーニングを実践しているかを目の当たりにして初めて、投手としては小柄な山本が160キロ超のストレートや多彩な変化球を操っていることにも納得がいったと話しています。

もともと日本時代の山本は左足を高く上げて、トップを作って上から下へと投げ下ろす投球フォームでした。ところが、2023年からは地面から数十センチほどの高さで移動させるスライドステップから投げる、効率の良いフォームに変えたのです。打者から見ると、より向かってくる感じがするため、タイミングを合わせる難易度も上がりました。

実は、2024年のヤンキースでクローザーを務めたルーク・ウィーバーは、山本のこのスライドステップから投げるフォームを研究して、取り入れたと明かしています。ウィーバーは「僕は山本のような驚異的な柔軟性を持ったアスリートではないので、まったく同じような動きとはならなかったけれど、山本のメカニクスは素晴らしいので、このメカニクスを基に自分用に改造することができて良かった」と言っています。

このようにメジャーに移籍した年から、他の主力投手に注目され、影響を与えているのが山本です。これは本当に凄いことだと思います。おそらく彼のピッチトンネルの技術も、その投球フォームがシンプルで再現性が高いから高度にできるということもあるでしょう。今後は、もっと多くの投手が、彼のトレーニングやメカニクスを学んでトレーニングしていくのではないでしょうか。山本は、メジャー一年目から素晴らしい瞬間を多く見せてくれましたが、まだ26歳です。来年、そしてこれからの数年でもっと素晴らしい投手となっていくことでしょう。

MLB年度別成績

年（所属チーム）	登板	勝	敗	セーブ	投球回	与四死球	奪三振	防御率
2023（LAD）	18	7	2	0	90.0	23	105	3.00

LAD：ロサンゼルス・ドジャース

山本由伸
Yoshinobu Yamamoto

１９９８年、岡山県備前市出身。宮崎県立都城高校に越境入学、1年秋から本格的に投手になると2年夏に１５１キロを計測。２０１６年、ドラフト4位でオリックス・バファローズから指名を受け入団。２０１７年8月20日対千葉ロッテマリーンズ戦でプロ入り初登板初先発し、5回7安打１四球６奪三振１失点と好投するも勝敗つかず。8月31日のロッテ戦に先発しプロ入り初勝利。９月26日の北海道日本ハムファイターズ戦では大谷翔平と初対戦し「今年で対戦した投手で一番」と称賛される。２０２１年、自身初の開幕投手に指名される。シーズン投手四冠に輝き、チームを25年ぶりのリーグ優勝に導く。２０２２年、2年連続の投手四冠、日本一に。２０２１年から２０２３年にかけてＮＰＢ歴代最多タイで最長タイとなる3年連続沢村賞を受賞。２０２３年シーズン終了後にポスティングでのＭＬＢ移籍を申請。12月22日にロサンゼルス・ドジャースと12年総額３億２５００万ドル（約４６５億円）の契約を結びＭＬＢ投手では史上最高額となった。２０２４年3月11日、韓国で行われたサンディエゴ・パドレスとの開幕カードの第2戦でメジャー初先発。初回5失点で降板した。4月6日のシカゴ・カブス戦で先発登板し、5回3安打無失点でメジャー初勝利を挙げる。１７８センチ、80キロ、右投右打

写真＝時事通信社

第6章

剛速球と驚異の変化球を投げる スーパーヒーロー 大谷翔平

（ロサンゼルス・ドジャース）

先発投手／30歳／右投げ

北海道日本ハムファイターズ〜ロサンゼルス・エンジェルス〜
ロサンゼルス・ドジャース

最もお気に入りの日本人投手

これまでに述べてきたように日本から来た選手は本当に魅力的な投手が多いですが、私が「これまでの日本人投手の中では誰が一番のお気に入りか？」と問われたら、やはり大谷翔平を選ぶでしょう。２０２４年シーズンは、打者専任で「50－50（フィフティー・フィフティー）」※などの歴史的な記録を次々と打ち立てたので、ここしばらく大谷についてはバッティングの話で持ち切りですが、私はこれまで大谷のピッチャーとしての凄さは、バッターとして以上に際立っていると考えてきました。

アメリカでは多くの人が「もうバッティングだけに専念して、ピッチングはやめれば良いのでは？」と言っていますが、私は思わず「ちょっと待ってくれ！　何を言っているんだ！」と声を上げました。大谷は、時速１０２マイル（約

164キロ）もの速球を投げるだけでなく、とんでもない変化球をいくつも持っています。そのうえ、他のどんな投手よりも新しいことを覚えるのが早いのです。才能に恵まれながら、随一の競争心も持ち合わせていて、絶え間なく自身の持てる技術を高め続けています。彼がメジャーリーグで最も優れた投手の一人であることは疑いようがありません。

〝魔球〟スウィーパー

大谷が投げる球種で、最も支配的な球として注目されているのはスウィーパーです。〝魔球〟とも呼ばれていますね。彼のスウィーパーは、球速が速いにもかかわらず大きく水平方向に動きます。平均すると約84マイル（約135キロ）のスピードで約16インチ（約40センチ）ですが、定期的に22インチ（約56センチ）もの変化量を叩き出しています。スピードを保ちながら打席目前で大きく横に動くのです。前述の通り、近年の打者はフライボール革命の影響で、すくい上げるようなスイングを採用する傾向が強く、従来の縦に曲がるスライダーでは打者のスイング軌道に重なりやすくなるため、長打を浴びるリスクが高くなります。しかし、スウィーパーのように横方向へ大きく動く球種では、そのリスクが大幅に軽減されます。そもそも、打者がなかなか見慣れることのない変化を伴っているので、対応するにも困難を極めます。

大谷翔平のオーバーレイ動画
https://x.com/PitchingNinja/status/1645987082668584961

ストライクゾーンをスウィープ（Sweep= 掃く）するように曲がるスウィーパーですが、以前まではスライダーとして分類されていました。

スライダーには様々な種類があって大別すると、大きな落差を伴う球、縦と横の変化による球、そして横の水平方向に動く球の三種で、スウィーパーは最後の水平方向に大きく曲がる球を示します。

過去には、ヤンキースなどで活躍し、現在は解説者のデビッド・コーン、サンフランシスコ・ジャイアンツなどで活躍したセルジオ・ロモらが、水平方向に大きく曲がる〝スライダー〟を武器としていました。私が思うに、今に繋がる〝スウィーパーブーム〟のきっかけとなったのは、おそらく二度のサイ・ヤング賞に輝いたコーリー・クルーバー(クリーブランド・インディアンス他)の投げていた大きく横に動く球でしょう。彼はツーシームの握りでスライダーを投げることを見出し、これを最先端の設備で分析や研究をして実装したのが、トレバー・バウワーです。バウワーは同時期にインディアンスでチームメイトとなり、サイ・ヤング賞を一度獲得しています。

野球界では長年、投球に〝動き〟を引き起こす要因はマグヌス効果※2のみと考えられてきましたが、新たにシームシフテッド・ウェイクのようにボールの縫い目による力学的現象が明らかになりました。

スウィーパーはこの現象が大きく影響しています。私はシームシフテッド・ウェイクを世に知らしめた航空宇宙工学のバートン・スミス教授（現在はロサンゼルス・エンジェルスでコンサルタントを務める）とも話しましたが、変化を引き起こすにはボールを何らかの形で非対称に握ったり、中心からずらした握りで投げたりします。多くのスウィーパーは、ツーシームの握りを使用し、このシームシフテッド・ウェイクを最大限に活用することで、他のスライダーにはない独特な横変化を実現しています。このような流れを受けて、MLBではスウィーパーがスライダーとは別の独立した球種として分類されるようになりました。

大谷の話に戻りましょう。彼は野球に関することには何にでも勉強熱心で新しい技術を身につけることに貪欲なので、魔球とも呼ばれるほど変化量の大きなスウィーパーを習得したのでしょう。2023年のWBCでも、ダルビッシュ有とこの球種について談義していた様子が中継でも捉えられていました。新しい球種を覚えることにも余念がないのです。

2022年から大谷はシンカーを投げていますが、もともと彼はシンカーを投げてはいませんでした。ところが、同じく魔球と呼ばれたクレイ・ホームズのシンカーを見て、「自分にもできる」と球種に加えることにしたようです。

２０２２年からヤンキースで３年連続20セーブをあげたホームズ（２０２５年からはメッツで先発に転向予定）は、屈指の完成度を持つシンカーの使い手です。彼のシンカーは１００マイル（約１６１キロ）にも達する驚異的な球でした。大谷は打者として、打席で彼の球を目の当たりにすると、スコアボードで球速を確認して、ちょっとした表情を見せました。その顔は「ん!?　今のは凄い球だぞ」と物語っていました。打者として、そのシンカーを打つことがどれほど難しいかと実感したのでしょう。ところが、ほどなく大谷も１００マイルで大きく変化するシンカーを投げていました。驚くべき学習能力です。

私は、バッターとしての大谷と、ピッチャーとしての大谷は、互いに好影響を与え合っていると思います。彼はダルビッシュほど、あらゆることを深く考えて分析するタイプではありませんが、特別すぎるほどの才能と競争心があります。打者としての経験値も積んでいます。それらが彼のピッチングをも、未曾有のレベルに引き上げているのです。

大谷翔平の最高の球・スプリッター

スウィーパーがとにかく話題に上がりがちですが、大谷は信じられないほど素晴らしいスプリッターも持ち合わせています。制球こそ完璧ではありませんが、球があまりに強く急激に動くため打者は打つことができません。

ところが、非常に効果的であるがゆえ、多投しては指にマメを作っていたようです。それで頻繁に投げられる球種ではないと気づいて、スウィーパーを投げ始めたのだと思われます。先にも述べたように、彼のスウィーパーは、驚くべき変化を誇る本物のスウィーパーです。ただ、こちらも2023年は全投球の35パーセントと多投したため、打者が予測できるようになって、打たれる場面も見られました。それを見てアメリカでは「大谷の最高の球はやはりスプリッターではないか?」といった議論も起きたほどです。

大谷はただただ、圧倒的なアスリートで異常なほどの変化を生み出す能力を持っています。凄まじい動きのある変化球に加えて、１０２マイル（約１６４キロ）の速球が来るかもしれないと構えるのですから、打者は本当に大変です。大谷に改善できる点を挙げるとすると制球力ですが、彼に精密機械のようなコントロールが備わったら地球上の誰も敵わないでしょう。しかしながら、大谷は「二刀流」なので、他の選手の二倍は働かなければなりません。打者として準備し、投手としても実戦に向けて仕上げていることの大変さを忘れてはならないと思うのです。

私は大谷が投手として復帰した２０２５年シーズンは、もう少しバリエーションを持たせて、スプリッターをもっと増やすのではないかと見ています。やはり彼の球種で一、二を争う素晴らしい球ですから、使わない手はないと思うのです。大谷はよく学ぶ選手なので、より予測しづらい投球を組み立てて、投手としてもさらに上のレベルに到達すると思います。

人類史上、最も優れた野球選手

ここまで大谷がいかに素晴らしい投手で、まだまだ進化する見通しであることを話しました。私はもともと、彼がアメリカに来る前から、バッターとしてよりピッチャーとしてのほうが成功をすると見ていました。しかし、周知のように2024年シーズンに、打者・大谷がとんでもない進化を遂げてしまったので、少し言い難くなってしまいました（苦笑）。彼は同シーズン、三冠王までも視野に入れていたのですから。

大谷は、三冠である、首位打者、本塁打王、打点王のうち、首位打者こそ首位のルイス・アラエスとわずか4厘差の打率・310で、惜しくも2位に終わりましたが、リーグトップの54本塁打、130打点で二冠を獲得しています。ほとんどの人の想像を超えた活躍です。もはや完全にベーブ・ルースを超えています。

今後、大谷がサイ・ヤング賞とMVP、本塁打王と奪三振王になったとしても、まったく驚かないでしょう。人類史上、最も優れた野球選手です。

大谷は本当に特別な才能を持っていますが、それを発揮させる原動力となっているのが類まれな競争心でしょう。

大谷はドライブラインベースボール（Driveline Baseball）にも伝説があります。科学的なトレーニングとデータ解析で、選手のスキルや身体能力を向上させる施設であるドライブラインでは、パワー出力やジャンプ力をはじめ、フォースプレート（地面から体に伝わる力を測定する装置）を用いた複数の筋力テストが行われましたが、彼はどのカテゴリーでもトップの成績を収めていました。ところが、アイソメトリック・ミッドサイ・プル（選手の最大筋力や力発揮速度を評価するテスト）だけは1位ではなかったのです。すると、大谷は数か月後に戻ってきて、その項目でも1位を収めたといいます。彼がどれほど負けず嫌いで、優れたアスリートかがよくわかります。

誰も、彼より速く走ったり、投げたり、遠くにボールを飛ばしたりすることはできないのかもしれません。正真正銘、野球界最高のアスリートなのです。

驚異の競争心と集中力

おそらく2025年、大谷は投手として復帰した時には、チーム内でも競争心を発揮して（もちろん友好的に）、山本由伸とも張り合うのではないでしょうか。山本相手にも自身の投手としての素晴らしいところを見せつけたいと奮い立ち、投手としてさらに上のレベルを目指すはずです。

ドジャースには、山本の他にも屈指の好投手が揃っています。サイ・ヤング賞を2度受賞したブレイク・スネルが加わりましたし、何より佐々木朗希も加わりました。復活がカギにはなりますが、タイラー・グラスノー、クレイトン・カーショウ、トニー・ゴンソリン、ダスティン・メイにも期待が募ります。これ以上ない高いレベルでの先発ローテーション争いが起こるでしょうし、こうした競争が大谷をさらなる高みへと導く可能性に期待せずにはいられません。

メンタル面において、競争心のほかに大谷がもう一つ、驚異的だと思うのは、プレッシャーが掛かった場面での集中力です。プレッシャーがない状況でもすでに驚異的な選手ですが、ここぞの場面でさらに能力を発揮しているのです。大谷は投手としても、打者としても、得点圏にランナーがいる状況で強くなります。

投手としては、得点圏にランナーを背負うと被打率と被出塁率が極めて低くなります。同様に打者としてなら、得点圏にランナーがいるチャンスで打率と長打率が跳ね上がるのです。すでに、選手として最高レベルにあるというのに、彼はプレッシャーの中では、最高レベルをさらに超えた存在になるのです。

プレッシャーが高まる場面で呑まれたり、萎縮したりする選手がいるというのに、大谷はむしろ支配的にすらなります。その様子は表情にも容易に見てとれます。チームの勝利が彼の手にかかっているとき、彼の表情は一転して真剣モードに切り替わるのです。勝利への本能が剥き出しになった大谷は、誰も相手にしたくないと思うほどの迫力を帯びます。

そのことを最も感じた瞬間は、WBCでの日本対アメリカの決勝戦です。クローザーとして登板した大谷が、最後のアウトを米代表のマイク・トラウトから奪った場面です。これまでロサンゼルス・エンジェルスで特別に親しくしていたチームメイトのトラウトを、大谷はじっと睨みつけるように見ていました。その眼差しは、敵意が剥き出しの形相でした。トラウトは素晴らしい人柄で、歴史に名を刻む名選手です。しかし、大谷はそんな彼に対して勝敗を決する場面では「絶対に君をアウトにして、日本のために勝利を掴み取るんだ」といった決意をにじませていたのです。私は「これぞ勝負だ……」と身震いし、誰もこの大谷には勝てないだろうと確信しました。私にとって、あの場面は大谷翔平を象徴する瞬間でした。

表情豊かなスーパーヒーローとその礎

大谷は、人間性の面でも際立っています。性格的にも自然と人を魅了します。投手としてマウンドにいる時も、勝負における真剣モードだけでなく、喜怒哀楽が豊かで見ていてとても楽しいのです。私はいつも注目しては動画を添えてSNSで投稿しています。2022年は、私が主催する「ピッチング・ニンジャ賞」（後述）で「ベースボールの顔賞」を進呈しました。ここで大谷の様々な表情を集めて、4分近くの〝大作〟を披露しています。

例えば、自分にがっかりした時に自分で頭をコツコツ叩いたり、独り言をブツブツ言ったり、変顔をしたり、時には相手選手や審判にも気持ちが伝わるような面白い仕草をしたりしていて、見ていると自然に笑顔がこぼれます。ダグアウトでも、真剣にデータを見ては難しい顔をしたり、チームメイトとじゃれ合ったり……野球が好きで、人が好きで、犬が好きで、すべてを楽しんでいるのが伝わってくるのです。

いたずらっ子のような表情をする時などは大きな子どものようですが、その力強さは一見するだけでわかります。まるでスーパーヒーローです。リトルリーグのワールドシリーズに出場した子どもが、「好きなスーパーヒーローは大谷翔平」

と回答していましたが、それを聞いて私も「その通りだ」と思いました。私にとってもスーパーヒーローですから。

今ではみんなが憧れるスーパーヒーローですが、いきなり変身したわけではありません。彼は少年時代から大きな目標を立てて、そこに至るために必要なステップを網羅したマンダラチャートというものを活用していたそうですが、この逸話にも感銘を受けました。誰もが夢を抱いたり、大きな目標を掲げたりするものですが、そこに到達するためにはいろいろなことを犠牲にし、乗り越えていく段階が必要です。もちろん、大谷のように誰もが才能に恵まれているわけではありませんが、人生を計画するにも活かせることです。もしも人生で達成したいことがあるなら、彼のように緻密に計画をして物事のトレードオフを受け入れながら一歩ずつ進んでいくことで、自身の可能性を最大限に引き出すことはできるはずです。日本では、野球少年から一般のビジネスパーソンまでが、大谷から学んでこのチャートを活用しているそうですが、アメリカでも多くの人が大谷の派手なパフォーマンスだけではなく、こうした側面からも学んでほしいと思います。

常に野球のことを考えている大谷

大谷は今も一つ一つ、野球がうまくなるための努力を重ねています。その結果、今の彼があるのです。私はドジャースのチームメイトであるジョー・ケリーやブレイク・トライネンとも話しましたが、彼らは大谷が日々裏で努力していると口々に語っていました。彼らいわく、「翔平は、みんなが食事や飲みに出かけているときも、部屋にこもって、どうすればより良くなるか、ミスをなくすことができるかといったことを考えている」と言うのです。

それに、大谷は野球界で最高の選手でスーパーヒーローでありながら、ダグアウトのゴミを拾って片付けるような人です。だから、2024年シーズンの初めに起きた水原一平の事件でも、私は大谷を終始一貫して擁護しました。

この件はあまりに酷く、口にするのも憚られますが、アメリカではかなりの人が大谷の潔白に疑惑の目を向けました。私は弁護士としての視点からも、大谷は潔白だと確信していました。なぜなら、大谷の代理人弁護士が水原を告発したからです。誰かを訴える以上、内容に嘘があれば逆に訴えられます。名誉毀損や不当な訴訟の責任を問われる可能性があります。これまで述べてきたように、彼がいかに真剣にキャリアに向き合っているかを知っていれば、キャリアを危険に晒すようなことは絶対にしないはずです。大谷が真実を述べている証左と見ていましたし、後になって彼が潔白であることは証明されました。あの件で、当初から彼を擁護していたことは自分でも誇らしく思います。

大谷は非の打ち所がないアスリートであり、野球界を背負うスーパースターです。彼はバッティングだけでも、最高の選手ですが、今後もバッティングが彼のピッチングをさらに高めるはずです。多くの人は大谷がどれほど優れた投手だったかを忘れているようですが、私は忘れていません。何より彼がピッチングをしていると、ベースボールはもっと楽しいスポーツになります。彼がピッチングをする姿を見るのが楽しみでなりません。

※1　50－50（フィフティー・フィフティー）

1シーズンに同一選手が50本以上の本塁打と50個以上の盗塁を同時に達成すること。2024年9月19日、大谷はマイアミ・マーリンズ戦で6打数6安打、3本塁打、2盗塁を記録し、MLB史上初の「50－50」を達成。最終的に同年は54本塁打、59盗塁を記録した

※2　マグヌス効果

回転する物体が流体（空気や水など）中を移動する際に発生する力学の現象。この効果により、物体が回転方向に沿った特定の方向に曲がる動きを見せる。野球では、ボールの回転が軌道を大きく変化させる主な要因の一つとして知られている。ホップして見える速いストレートや真っ直ぐ下に落ちるようなカーブを生み出す要因となっている

大谷翔平
Shohei Ohtani

１９９４年、岩手県奥羽市出身。花巻東高3年時アマチュア最高球速の１６０キロを計測。２０１2年、ドラフト1位で北海道日本ハムファイターズから指名される。当初はメジャー挑戦の意向から入団拒否の態度を見せていたが、球団から「二刀流」の提案を受け翻意。２０１3年3月29日の対埼玉西武ライオンズ戦で「8番・右翼手」として先発出場。5月23日の東京ヤクルトスワローズ戦で投手としてプロ入り初登板・初先発。6月1日の中日ドラゴンズ戦で初勝利。２０１4年、投手として11勝、打者として10本塁打を記録。２０１5年投手として投手三冠に輝く。２０１7年、ポスティングシステムによるメジャー挑戦を表明。12月9日にロサンゼルス・エンジェルスとの契約合意が発表された。２０１8年の開幕戦のオークランド・アスレチックス戦で「8番・指名打者」で先発出場。4月1日の同戦で初先発登板。6回3安打3失点でメジャー初勝利を挙げる。6月右肘内側副靭帯を損傷。10月1日トミー・ジョン手術を受ける。２０２０年「二刀流選手」がルール上に定義され、初の適用選手となる。２０２1年投手として9勝2敗、打者として・２５７、46本塁打、１００打点を記録し、ＭＶＰに満票で選出。２０２2年、投打でＭＬＢ史上初規定投球回、打数に到達。２０２3年3月ＷＢＣ優勝。8月右肘を痛め、オフに2度目のトミー・ジョン手術。ドジャース移籍を発表。２０２4年、ワールドシリーズ制覇。指名打者で3度目のＭＶＰ（満票）を獲得。１９３センチ、95キロ、右投左打

MLB年度別成績（投手）

※2019年、2024年は登板なし

年（所属チーム）	登板	勝	敗	セーブ	投球回	与四死球	奪三振	防御率
2018（LAA）	10	4	2	0	51.2	23	63	3.31
2020※（LAA）	2	0	1	0	1.2	8	3	37.80
2021（LAA）	23	9	2	0	130.1	56	156	3.18
2022（LAA）	28	15	9	0	166.0	46	219	2.33
2023（LAA）	23	10	5	0	132.0	66	167	3.14
MLB計（5年）	86	38	19	0	481.2	199	608	3.01

記録は2024年シーズン終了時点

※新型コロナウィルスによるシーズン短縮（65試合）

LAA：ロサンゼルス・エンジェルス

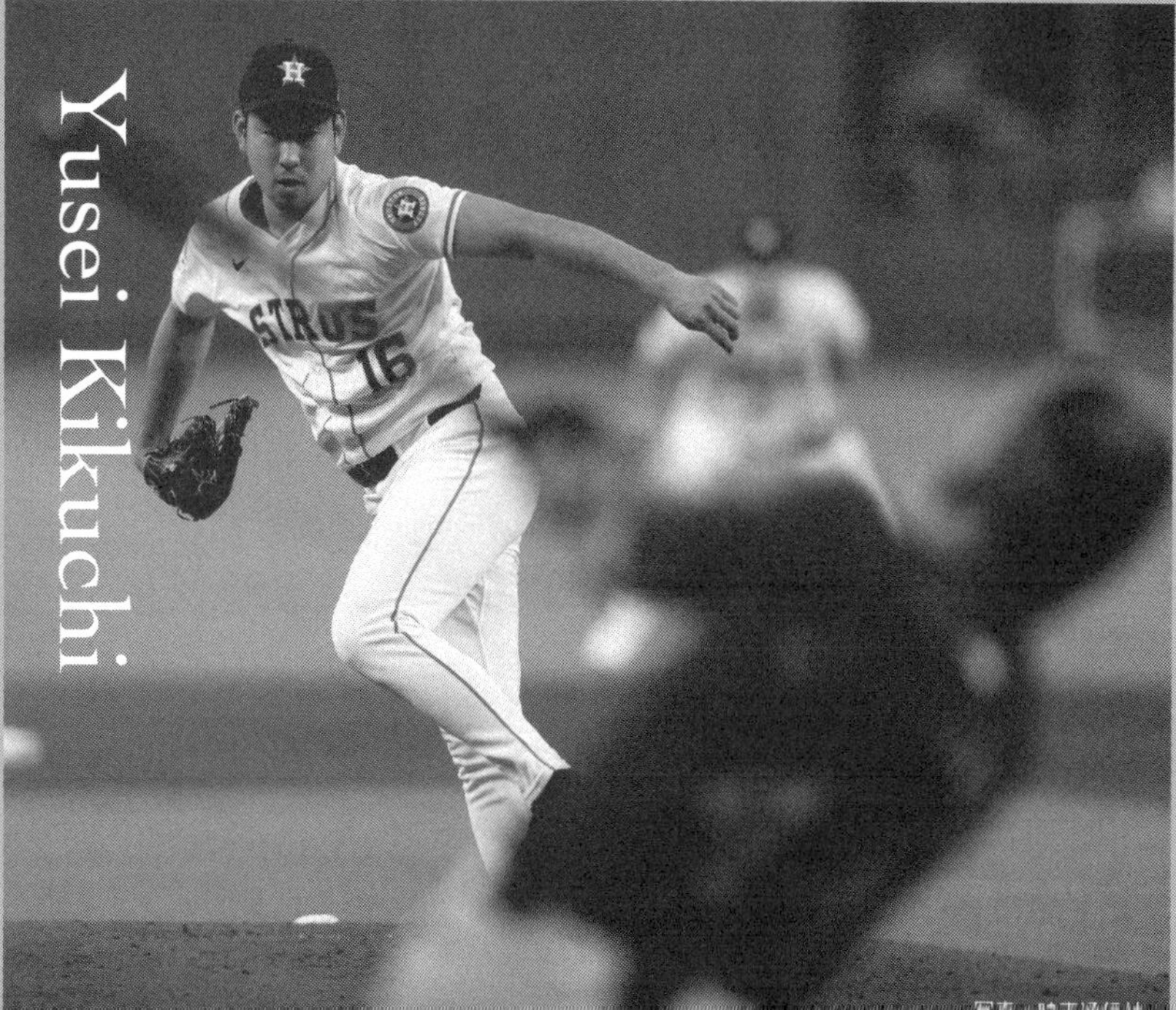

写真＝時事通信社

第7章
エネルギーに満ちた投球動作
菊池雄星

（ロサンゼルス・エンジェルス）

先発投手／33歳／左投げ

埼玉西武ライオンズ〜シアトル・マリナーズ〜
ロサンゼルス・ドジャース〜トロント・ブルージェイズ〜
ヒューストン・アストロズ〜ロサンゼルス・エンジェルス

最先端テクノロジーのトレーニング施設で投球が劇的に改善

菊池雄星は、投球メカニクスや配球を変えることで、進化し続けている投手です。大谷翔平のように大柄でパワフルな本格派ではありませんが、自身のメカニクスや左投げというアドバンテージを最大限に活かしています。

その投球動作は、実にダイナミックでエネルギーに満ちています。動きが速く無駄がないため、あれほどの球速を出せるのでしょう。彼は決して大きな体躯に恵まれたわけではありませんが（身長約183センチ、体重約95・3キロ）、大柄な投手にはない俊敏性と鋭いフォロースルーから、時速90マイル後半（約150キロ台半ば）のストレートや90マイル近い（約140キロ台半ば）の変化球を投げることができます。

菊池は2019年にシアトル・マリナーズでMLBでのキャリアをスタートさ

せましたが、私は当初の彼を crafty lefty（技巧派の左腕）タイプと見ていました。後述しますが、マリナーズが制作した crafty lefty をテーマにしたＣＭに出演していましたしね。

メジャー初年度の菊池は、ストレートの球速もおよそ90マイル前半（約１４０キロ台後半）とそれほど速くないうえ、球速も一貫性がないように見えました。ところが、次のシーズンには見違える姿で戻ってきました。前年度はそれほど強く投げていなかったのに、驚くほど力強いフォームで球速もアップしていたのです。オフシーズンにドライブラインベースボール（Driveline Baseball）でトレーニングをしたと知り、投球メカニクスを修正したのだと合点がいきました。

ドライブラインベースボールは、ワシントン州シアトル郊外にある野球トレーニング施設で、特にデータ分析と科学的アプローチを用いたトレーニング方法で知られています。同施設は、投手や打者のパフォーマンス向上を目的とした多用なプログラムを提供していて、投手のメカニクスを改善することに定評があります。その効果が如実にすぐさま表れたのだと感心しました。

また、ノースカロライナ州シャーロットにも同様の投手に特化したトレーニング施設のスレッド・アスレチックス（Thread Athletics）があります。ここには、菊池の投球動作から開発された「菊池ドリル（Kikuchi Drill）」があり、メジャーリーガーはじめ多くの投手が自身のメカニクス改善のために取り組んでいます。

菊池は投球時に軸足のかかとを少し浮かせる動きをします。そうすることで、体重移動をスムーズにして、地面からの力をうまく指先に伝えられるのですが、これを身体に覚え込ませるトレーニングが菊池ドリルです。

例えば、このドリルに取り組んだミッチ・ケラー（ピッツバーグ・パイレーツの投手）は、球速が時速95マイル（約153キロ）を超えたことがなかったのですが、100マイル（約160キロ）を超えました。スレッド・アスレチックスは、ドライブラインベースボールと並ぶ、アメリカ屈指の野球トレーニング施設です。ここで菊池のメカニクスの一部がドリルになっているのですから、いかに彼の投球動作が効率の良い優れたアプローチとなっているかがわかります。

菊池雄星のオーバーレイ動画
https://x.com/PitchingNinja/status/1691770804860580189

移籍でエース級の投手に

菊池は2024年シーズン途中からヒューストン・アストロズに移籍しましたが、素晴らしく順応して見事にエース級の投手に進化してみせました。防御率も移籍前に4・75だったのが、移籍後に2・70と劇的に改善しています。アストロズは同年、4年連続14回目の地区優勝を飾りましたが、菊池は加入後、10試合に先発して5勝1敗とチームを地区優勝に導く活躍をしてみせました。移籍前の防御率から否定的な声は少なくありませんでしたが、エース級の仕事を果たしたことで、多くのアメリカのベースボールファンが「凄く良い投手だ！」と驚いていました。

菊池がさらに進化した理由の一つは、今まで以上に強くて速い変化球を多く投げるようになったことにあると思います。具体的には、同年夏にアストロズに来てから、彼は変化球の投げ方を変えていて、カーブの使用を減らしました。特にスライダー、またチェンジアップのような速い変化球を増やしています。

最近の投球理論では、遅いカーブのような球種より速い変化球のほうが効果的だと考えられています。そうした配球のバランスが奏功したのでしょう。もう一つは、アストロズのような強豪チームで優れた投手たちとチームメイトになったことが大きいのではないかと思います。アストロズは、2023年シーズンまで7年連続でチームが最低でもリーグ優勝決定戦まで進出している常勝軍団です※。そうそうたる居並ぶ投手陣もチーム戦略を担うスタッフも、トップレベルが揃っています。そうした環境下で多くを学び、さらなる成長を遂げたのだと思われます。菊池は何事にも真摯に取り組んで、完璧なチームメイトになろうと努力をする姿勢が窺えます。コーチたちも、彼の真剣な姿勢をとても評価しています。

楽しんでいるのが伝わる「真のピッチャー」

ただし、菊池は決して、真面目一辺倒ではありません。折々で情熱的な内面をあらわにするところがまた魅力的です。マウンド上では競争心と集中力を高めている様子が、ラウンド間のボクサーの様子を彷彿とさせるほどで、見ていてとても引き込まれます。投球後に色々なポーズでフィニッシュして、感情をあらわにする姿も印象的です。

私のお気に入りは、強い球を投げたり、三振を奪ったりした後、フォロースルーの勢いそのままに左足を大きく振り上げる動作です。ガッツポーズなどの力強いKストラット（K-strut：三振後の自身に満ちたパフォーマンス）で締めくくる姿です。菊池は相手を挑発したいという意図などなく、純粋に良い投球をした時、特に三振に仕留めた時に本当に嬉しそうにしているのが伝わってきます。逆に良くない投球だった時には、自分自身に失望したような表情も見せます。とても自然で、これこそが勝負を愛しているトップアスリートの姿だと思います。

派手な感情表現がご法度だったメジャー

メジャーリーグでは伝統的に、選手は派手な感情表現をせず、常に謙虚で冷静に振る舞うべきだという慣習がありました。どんなに緊迫した場面や決定的なシーンでも、「これまで何度も経験してきたことの一つにすぎない」と平然とすることがプロらしい振る舞いとされてきたのです。しかし、最近はそうした風潮も大きく変わってきました。若い世代の選手や国際的な影響を受けた選手たちが、パフォーマンスやジェスチャーを自由に取り入れてきたため、タブー視する考えも少なくなりました。打者がバットフリップを、投手がKストラットを見せることは好意的に受け入れられてきています。そもそも、サッカーやアメフト、バスケットボールなど、他の人気スポーツには存在しない〝タブー〟です。ゴルフですら重要なショットを決めれば、選手たちはガッツポーズをするのに、なぜか野球では許されてきませんでした。不思議なことですよね。

先発勝利で「山崎」を酌み交わす儀式

菊池は、本質的にかなり真面目で、自身のピッチングと深く向き合いながら進化を続けていると思われます。その一方で、良い結果を出した時には、本能的に感情をストレートに表現します。それは彼が強い競争心を持っているからでしょうが、チームにそのエネルギーをもたらしたいという思いもあるように感じます。彼にはとてもチームメイト思いな側面があるからです。

彼は2024年にもブルージェイズでシーズン開幕を迎えましたが、4月にチームを鼓舞するため、自身が先発した日に勝利したら、日本のウィスキー「山崎」を飲み交わそうという粋な儀式を始めました。「山崎」は、わざわざ菊池がブルージェイズにやってきた年である2022年もので、スパニッシュオークのシングルモルトといい、アメリカでは一本3000ドル（当時の為替レートで約46万円）する入手困難な超高級ウィスキーだと中継で伝えられていました。儀式を楽しんでいるチームメイトらの表情やコメントからも、菊池とプレーすることを喜びに感じている選手が多いのだと思いました。この振る舞いから、菊池が主力としてチームを高みに導きたい、成熟したプロフェッショナルとしてチームの中で信頼される存在になりたいという思いが窺えました。

メジャーリーグに移籍してきた2019年は、チームメイトとの仲睦まじさを感じさせる場面がありました。先ほど触れたcrafty lefty（技巧派の左腕）をテーマにしたCMです。マリナーズ制作によるユーモアたっぷりの作品です。

マリナーズのCMはいつも面白くて定評があるのですが、これは菊池が、マルコ・ゴンザレス、ウェイド・ルブランという二人の左腕と一緒にcraft（工作）をするというユニークな話でした。彼らが、crafty lefties club（クラフティ・レフティ・クラブ）に入っているという設定で、言わば技巧派の左腕を表すクラフティ・レフティが、文字通りクラフト（工作）をしているという言葉遊びです。ゴンザレスヤルブランが各々の工芸品を披露して、「これはクラフティ（器用だ）」と褒め合っていると、菊池は他の誰よりも凝ったミニチュアのホーム球場を作り上げて「僕は相当器用だよ」と言って、ドヤ顔をしています。チームメイトらとの雰囲気もよくユーモラスな一面を窺わせる楽しいCMでした。

読書家、英語の取得に熱心

また、彼はとても読書家であるうえ、英語にも熱心に取り組んでいると聞いています。本当に素晴らしいことです。菊池は何事においても、真面目に取り組もうとする性格が窺えます。こちらの文化に馴染んで相手を気遣うのです。コーヒーショップでのエピソードも好きですね。名前を聞かれた時に店員が「キクチ」を覚えにくそうにしていたため、菊池はDaniel（ダニエル）と名乗るようになったそうです。行きつけのスターバックスでは、店員から「ダニエル、おはよう」

と挨拶されるほどになっているそうです。今永昇太の「Mike II（マイク2世）」に通じる面白さがありますが、なぜかアメリカのファンの間でそれほど知られていないのが残念です。今永が注目を集めた頃と比べると、菊池は物静かな印象だからかもしれません。菊池は素晴らしい個性があるので、今後もっと見せてくれると、もっとファンが増えるのではないかと思います。

2025年シーズンは大きな一年に

2025年から菊池は新天地エンジェルスで先発投手を務めます。キャリアや年齢的にも、エースとしての役割だけでなく、多くが求められているでしょう。メジャーで素晴らしい経験を重ねて向上してきたからです。

彼が最初に所属した球団、マリナーズの投手コーチやスタッフ陣は、メジャー屈指のレベルです。そしてその名を轟かせた2024年シーズン後半に所属した強豪球団アストロズも当然、投手を支える人材も環境も充実しています。

エンジェルスは、まだそこまで人材は揃ってはいませんが、投球に関するノウハウは十分豊富であるうえ、前述のシームシフテッド・ウェイク（seam-shifted wake）を発見したスミス教授も在籍しています。シームシフテッド・ウェイクを活用し、菊池の変化球がさらに磨かれるかもしれません。他にも非常に優秀なアナリストらがいるので、彼らが菊池をさらなる進化へと導く可能性に期待が高まります。

エンジェルスは、菊池と3年総額6300万ドル（約97億円）の契約を結びました。これはペリー・ミナシアンGMが就任した2020年以来、最高額の契約です。それだけ彼の能力を高く評価しているということです。アストロズで見せたように、12奪三振という圧巻のピッチングをしたり、打者が全く打てないといった投球を再現したりすれば、エンジェルスに活気が宿るだけでなく、非常に大きな戦力である証明となります。

エンジェルスが菊池を獲得した意味

もとよりエンジェルスには大谷がいたことで、日米でチームに新しいファン層が築かれたと思います。大谷がいなくなったことは大きな出来事ですが、チームに再び日本の素晴らしい投手が加入したことを喜んでいるファンは大勢いるでしょう。日本のファン層は忠誠心の高い人が多いので、日本でＭＬＢの注目度が高まっていることを鑑みると、大きな投資をして日本人選手を獲得した価値はかなり大きいと思われます。チームは思うような結果が出ていない状況下ですが、大谷がいた時にスポンサーや広告収入が増加したように、彼が好成績を収めれば、それだけで再び財政的な好循環が生まれる可能性があるからです。

エンジェルスは、現在進行形でブレイクスルーを目指しているチームです。菊池は自らを奮い立たせ、エースとしてチームをプレーオフに導きたいと意気込んでいるのではないでしょうか。

チームにはマイク・トラウトという歴史に名を残す偉大なプレイヤーもいます。彼と共闘することは、菊池のポテンシャルを引き出す刺激になるに違いありません。トラウトが故障から復帰し、投手陣も安定すれば、ブレイクスルーも遠くありません。エンジェルスには良いチームになるためのピースは揃いつつあると思います。

投手陣のリーダーになる菊池

菊池はエンジェルスで、投手陣のリーダー格になるでしょう。実績から多くを期待され、若い投手は質問しにやって来るはずです。菊池も頼られ、教えることで、さらに何かを摑んだり、学んだりすることもあると思います。リーダーとしての自覚を持つことで、彼自身をさらに高めることに繋がるかもしれません。彼の投球へのアプローチはかなり細かいところにまで気を配っているので、そうした知識や技術を他の投手にも教えていくことでチームが活性化していく予感がします。

とはいえ、投手がリーダーとしての責任を自覚したことで、明暗が分かれることもあり得ます。プレッシャーをかけすぎて自滅し、逆に成績が落ちてしまうケースです。そうならない場合にのみ、投手は自らに責任を負いながら好投し、チームを勝利に導くのです。私は、菊池がアストロズのような強豪チームで成功した経験が、自身の礎となり助くのではないかと考えています。プレーオフに出られなかった悔しい経験も含め、エンジェルスではさらに飛躍することを期待してやみません。大きな1年になると思いますが、菊池のこれまでの経験からも、彼自身だけでなくチームにどのような影響が表れるのかも合わせて、興味深く見ていきたいと思います。

※　2023年までのアストロズのポストシーズンでの成績
2017年ワールドシリーズ優勝、2018年リーグ優勝決定戦進出（敗退）、2019年ワールドシリーズ進出（敗退）、2020年リーグ優勝決定戦進出（敗退）、2021年ワールドシリーズ進出（敗退）、2022年ワールドシリーズ優勝、2023年リーグ優勝決定戦（敗退）

菊池雄星
Yusei Kikuchi

1991年、岩手県盛岡市出身。花巻東高1年時に全国高等学校野球選手権大会に出場。1回戦新潟明訓高戦にリリーフで登板し145キロ、2年時には149キロ、3年時には154キロを記録し、注目を浴びる。ドラフト会議前にはMLB球団から注目され、本人の希望もあり国内12球団に加え、MLBの8球団とも面談。「自分のレベルでは世界に通用しないと思った」と述べ、国内でのプレーを選択。2009年のドラフト会議で6球団競合の末、埼玉西武ライオンズにドラフト1位で入団。2011年6月12日の阪神タイガース戦でプロ入り初登板初先発。2回1/3、4失点で降板。試合後のインタビューでは涙を流した。30日のオリックス・バファローズ戦で先発、5回2失点でプロ入り初勝利を挙げる。2017年、当時左腕の最速158キロを記録。2018年オフ、ポスティングシステムによるMLB移籍を表明。2019年1月2日にシアトル・マリナーズと4年総額6600万ドルで契約合意と発表された。同年、オークランド・アスレチックスとの東京ドームでの開幕シリーズでメジャー初登板初先発。この試合でイチローが現役引退を表明し、菊池は涙を流した。6度目の先発登板である4月20日のロサンゼルス・エンジェルス戦でメジャー初勝利。2022年、トロント・ブルージェイズに移籍。2024年7月に交換トレードでヒューストン・アストロズに入団。9月8日にメジャー通算40勝目を挙げる。11月27日、エンジェルスと3年6300万ドルの契約を結んだ。182センチ、95キロ、左投左打

MLB年度別成績

年（所属チーム）	登板	勝	敗	セーブ	投球回	与四死球	奪三振	防御率
2019（SEA）	32	6	11	0	161.2	56	116	5.46
2020※（SEA）	9	2	4	0	47.0	20	47	5.17
2021（SEA）	29	7	9	0	157.0	67	163	4.41
2022（TOR）	20	6	7	1	100.2	67	124	5.19
2023（TOR）	32	11	6	0	167.2	52	181	3.86
2024（TOR・HOU）	32	9	10	0	175.2	46	206	4.05
MLB計（6年）	154	41	47	1	809.2	308	837	4.57

記録は2024年シーズン終了時点

※新型コロナウィルスによるシーズン短縮（65試合）

SEA：シアトル・マリナーズ
TOR：トロント・ブルージェイズ
HOU：ヒューストン・アストロズ

写真＝SipaUSA／時事通信フォト

第8章

「死の三角形」を形成するピッチトンネルの達人 前田健太

（デトロイト・タイガース）

先発・救援投手／36歳／右投げ

広島東洋カープ～ロサンゼルス・ドジャース～
ミネソタ・ツインズ～デトロイト・タイガース

コンマ数秒の世界を制するために

前田健太は、投球術に優れた才能あふれるベテランです。ストレート、スライダー、スプリッターの投げ分けが見事です。彼は自在に操るスライダーが有名ですが、他の球種との組み合わせ方が妙技に思います。中でも、スライダーがスプリッターと同じピッチトンネル（第5章を参照）を通っている投球術は、非常に効果的に打者を翻弄していると思います。

私が「Triangle of Death（死の三角形）」と呼んでいる高度な技術があります。これは、ストレートを軸にしたピッチトンネルを形成しながら、さらに2つの球種を異なる方向に曲げることを指します。三種のボールが三方向に分かれて三角形になるのです。前田もこれをストレート、スライダー、スプリッターで形成します。前田のスライダーは、それ事態が素晴らしいボールですが、厄介なスプリッターと掛け合わせることで嫌らしさが倍増します。というのも、スライダーとスプリッターが鏡のように相反して落ちていくからです。スライダーは左側（前田の左手グラブ側）に、スプリッターは右側（前田の投げる右腕側）に落ちていく動きがあります。特にスライダーの変化は深さがあり、まるでテーブルから落下するかのように急激な変化を見せます。しかも、ストライクにも見えるので、打者は無駄に見逃したくありません。しかし、前田はピッチトンネルの技術が非常に高いので、見事なピッチトンネルから、ストレート、スプリッター、スライダーの三方向へ曲がる球に、打者が対応するのは極めて困難になります。「死の三角形」と呼ぶ理由です。

ホセ・フェルナンデスとの対戦

前田が2016年にドジャースでメジャーデビューした時も、衝撃的でした。

私のお気に入りの場面の一つは、若きエースだったホセ・フェルナンデス※1との対決です。4月28日のマイアミ・マーリンズ戦でのことです。ここまで前田は4試合に先発し、計25回1／3を投げて23奪三振、防御率0・36という圧巻のデビューを飾り、アメリカのベースボールファンを唸らせていました。その日は、前田の5度目の先発で、相手先発は100マイル（約161キロ）超の剛速球で奪三振ショーを見せる若きエース、フェルナンデス。ナショナル・リーグは当時まだDH制が導入されておらず※2、フェルナンデスは打撃にも定評があり注目されていました。しかし、打席に立ったフェルナンデスは前田との対戦で、バットを振っては再三驚いた様子を見せ、三振を喫したのです。もう笑うしかないといった表情で、ベンチに戻るとチームメイトに向かって「気がつくとあちこちにボールが散ってるんだよ。意味がわからない」といったジェスチャーをして肩をすくめていました。私はフェルナンデスのピッチングを見るのも大好きでしたが、対照的に前田は彼のような本格派投手が困惑するような巧みなピッチングを披露していました。

打者の裏をかくピッチング

フェルナンデスを笑わせたように、前田は打者の裏をかくようなピッチングをするのを楽しんでいるように感じます。ピッチトンネルの技術が優れているのも、打者にとって想定外のボールを目指しているからなのでしょう。ピッチトンネルを活用すれば、投手有利の状況に持っていくことが容易になります。私は、彼のオーバーレイ動画を作るのが大好きです。三種類の球種が、すべて真ん中から始まって、最後には全く違う場所に到達するという映像が作れますからね。

前田健太のオーバーレイ動画
https://x.com/PitchingNinja/status/1311021847056732163

ちなみに、ピッチトンネルは、球速が上がるほど、必要性も求められる精度も下がります。なぜなら、打者がスイングを決めるまでの時間が短くなるからです。投手にもよりますが、マウンドからホームベースまでの距離60フィート6インチ（約18・44メートル）のうち、ピッチトンネルは大体40〜50フィート（約12〜15メートル超）ですが、球速が遅くなるほど、ピッチトンネルを多少なりとも長く巧みにする必要があります。球速が落ちたぶん、打者がスイングする判断にかける時間が長くなるからです。

いずれも一瞬とも呼べるゼロコンマ何秒の差に収まる世界ですが、トップレベルの攻防では結果や効果が大きく変わってきます。

投手は年齢を重ねると、身体能力の衰えや怪我の積み重ねなどによって、どうしても球速が落ちてしまいます。したがって、年齢を重ねるにつれ、ピッチトンネルを効果的に利用する能力は重要になると考えています。もちろん一概には言えませんが、投球を見分けにくくする技術が高ければ、強く投げることなく打者からアウトを奪いやすくなります。こうした技術に加えて打者を出し抜く術に長けていれば、年を重ねても圧倒できる投手でいられます。前田は今まさに、そうした過程を辿っていると言えます。

昨季は成績が落ち込むも復活の可能性大

メジャー9年目の2024年シーズン、前田はデトロイト・タイガースで先発ローテーションの一角を担いましたが、怪我や体調不良に悩まされて防御率7点台と落ち込みました。7月途中からは、リリーフに配置転換となりました。ロングリリーフなども任されての起用でしたが、リリーバーとなって以降は防御率3点台に持ち直しています（シーズン全体では防御率6・09）。

前田はこの間、イニングイーターのような役割も厭うことなく投げていました。ベテラン投手の中には「自分は先発投手なので、それ以外のところでは投げない」

という強いこだわりを持つ人も少なくありません。しかし、前田はむしろ「チームのためならどこでも投げる」というスタンスでした。彼のような投手がいると、チームが自然と一丸となっていくものです。それは、タイガースの同年の躍進ぶりを見ても明らかです。

タイガースは、シーズン前半から低迷していましたが、8月に17勝11敗（勝率・607）、9月に17勝8敗（勝率・680）と劇的に勝ち星を重ねていき、ワイルドカードを獲得しました。

タイガースにとって2015年以来、10年ぶりのポストシーズン進出です。しかも、勢いそのままに常勝軍団アストロズをワイルドカード・シリーズで下したのです。惜しくも次の地区シリーズでは、クリーブランド・ガーディアンズに敗れましたが、シーズン後半からの快進撃はMLBを席巻しました。この快進撃を支えたのは若い投手陣ですが、前田がベテランとして経験や知恵を伝えてきたことが結果に繋がったという声も多方面から聞かれました。前田はポストシーズンに登板こそしていませんが、裏で数字に残らないサポートをしていたのでしょう。

タイガースの投手コーチであるクリス・フェッターも前田について語っていま

した。「何より感心したのは、前田が優れたチームメイトであるための努力を惜しまないこと。シーズン中から彼は自身の調子が悪くても、いつもチームのためになるよう、他の投手らをサポートしています」と、ピッチング以上の貢献をしていること、若い投手たちから尊敬されていることなどを教えてくれました。

彼は自分自身に厳しいだけでなく、チームが成功することを心から願って行動に移すのです。ただ自分が投げるだけでなく、他にもチームに貢献する方法があると体現するのは、彼がベテランの存在意義を理解しているからでしょう。

メカニクスのズレが及ぼす影響

２０２４年シーズンの前田は怪我や体調不良で少しリズムが狂ったと話していたので、そのせいで調子を崩し成績が芳しくなかったのだと思います。メカニクスにもズレが生じたかもしれません。メカニクスにズレが生じた場合、シーズン中は悪いクセがつく可能性があるので修正が難しいものです。特に怪我からの復帰は、いつも難しいものです。その怪我に合わせた調整をするため、目視では確認できないような小さな差異に取り組まなければなりません。

例えば、踏み込んだ足の着地が微妙にズレたり、着地時の衝撃が異なることで、投球フォーム全体に影響が及び、その結果コントロールや球威にも響いてしまうということなどです。

とはいえ、オフシーズンに時間をかけて調整に専念すれば、彼は非常にスマートなのでこの状況をうまく乗り越えると期待します。タイガースには生体力学に明るいコーチもいますし、前述のフェッター投手コーチは、2024年に『ベースボール・アメリカ』の「MLB Coach of the Year（最優秀コーチ）」に選ばれた優秀なコーチで、若手投手の育成や投球メカニクスの改善に定評があります。A・J・ヒンチも素晴らしい監督です。2025年シーズンには前田が前年の問題を克服し、再びマウンドで圧巻のピッチングを見せたとしても驚きはありません。

球速アップか巧妙性を上げるか

彼のピッチトンネルの技術の高さと精緻な制球力を考えると、まだ数年は素晴らしいシーズンを送り続けることができると思います。今は年齢を重ねてきた中で「自分がまだできると思うこと」と、「身体が実際にできること」の間で葛藤している段階にいると思います。もしかすると、オフシーズンにストレートの球速を1~1.5マイルぐらいアップさせる取り組みをするかもしれません。

球速アップの方向性にシフトするか、巧妙さを活かす方向性に向かうか。単にメカニクスの調整ができれば球速は戻ると考えますが、どこかの段階で球速に比重を置くのではなく、より巧妙な戦術に切り替える必要性が増してくるものです。持ち球の球速は速ければ速いほど、細かなミスを気にする必要がなくなりますが、球速がそれほどではなくても、コントロール、球の動き、ピッチトンネルの技術、他にも駆け引きなどの技があれば、打者を抑えることができます。MLB通算2979奪三振のザック・グレインキーも、キャリア初期は速いストレートが持ち味でしたが、後年はスタイルを変えて打者を抑えていました。前田にも同じことができると考えています。

マエケンのユーモアをアメリカでも伝えたい！

前田はユニークな絵を描くことで、〝画伯〟として知られているそうですね。実は、私もちょっと通じる絵を書いています。

いかにもな棒人間の絵をＳＮＳでも投稿したり、この手の絵でメカニクスの解説をしたりしています。色々と拝見していますが、彼の芸術的才能とユーモアのセンスは尊敬に値します。

ドジャース時代は、球団の、現在は大谷翔平の通訳としてお馴染みの、ウィル・アイアトン通訳にドッキリを仕掛けるシリーズの動画をよく見て楽しませてもらいました。日本では特殊メイクで老人に扮して、少年野球に飛び入り参加するドッキリを成功させたというエピソードも拝見しました。本当に明るくて周囲を和ませる、ユニークで素晴らしい人間性が窺えます。

彼は本当に楽しくて面白い人なのだと思います。できればアメリカでも、もっと彼のそういった面が知られるといいと思うのです。もちろん、日本語で面白いことが自然にできたとしても、英語で同じように表現するのが難しいことはわかってはいますが。もし、私が日本でジョークを言おうとしても、きちんと伝えられなくて面白くなくなるのと同じですからね。言語的な障壁によって、彼の面白い性格がアメリカで完全に伝わっていないのが残念に思います。でも、一緒に過ごしているチームメイトは感じ取っているようですね。

前田から日本語を学ぶメジャーリーガー

実は、私の息子ジャックはタイガースの若手投手ブラント・ハーターとジョージア工科大学で一緒にプレーをした友人同士です。息子がハーターから聞いた話によると、ハーターは前田から日本語を学んでいるのだそうです。どうもハーターは日本の記者たちと話せるようになりたいらしく、前田が色々と教えてくれることで「凄く勉強になっている」と感謝しているのだとか。他の選手にも前田は教えているようで、チームにはいろいろな日本語が飛び交うのだそうです。チームメイトを大切にし、愛されていることが伝わるエピソードに尽きない良い人です。

彼は、本当に選手としても人としても素晴らしいので、前にインタビューを申し込んだのですが、「今は調子が良くないから、インタビューをしても誰も見ないと思う」と言って取材を遠慮したいとの旨を伝えられたことがあります。私も申し訳ない気持ちになったので、ピッチング・ニンジャのトレーナーを送ったところ、「とても気に入った」と返事をくれました。私はトレーナーが幸運の御守りになることを願いながら、また調子が良くなったら話をしたいとお伝えしました。

※1　ホセ・フェルナンデス（1992年7月31日－2016年9月25日）
キューバ生まれ。命がけで家族でボートに乗ってアメリカに亡命した。2013年にメジャーデビューすると、防御率2・19で12勝を挙げ、サイ・ヤング賞3位、ナショナルリーグの新人賞を受賞。翌年トミー・ジョン手術を受けるも、2015年に復帰し、2016年は防御率2・86、16勝・253奪三振の活躍。2016年は打率・250と打撃面でもチームに貢献し、若きエースとして将来を嘱望されていたが、9月25日にボート事故で死去。享年24歳。同年、マーリンズで彼の背番号16は永久欠番に指定された（正式な手続きは未完）

※2　MLBにおける指名打者（DH）制
1973年、打撃力を向上させ、観客動員を増やすべくアメリカン・リーグで導入された。一方、ナショナル・リーグでは投手が打席に立つことも伝統の一部として見送られてきたが、2020年にコロナ禍の影響で一時的にDH制が導入されると、その後2022年には正式にナショナル・リーグでもDH制が採用される。背景には、より攻撃的にすることで試合の興行性を高める狙い、両リーグにおける公平性の担保、投手への負担軽減のほか、「二刀流」で注目を集める大谷翔平の影響があった

前田健太
Kenta Maeda

１９８８年、大阪市泉北郡忠岡町出身。ＰＬ学園高では1年時に大阪桐蔭高との第86回全国高校野球選手権大会大阪大会史上初の決勝再試合で先発、完投勝利を挙げ「桑田二世」と呼ばれる。２００６年、ドラフト会議で広島東洋カープからドラフト1位指名を受ける。２００８年4月5日の横浜ベイスターズ戦で初登板初先発し5回3失点、6月18日の北海道日本ハムファイターズ戦で8回2安打無失点（7回までは無安打）でプロ初勝利。２０１０年、15勝8敗、防御率・2･21、奪三振１７４で史上最年少で投手三冠、沢村賞のタイトルを獲得。２０１２年4月6日の対ＤｅＮＡ戦でノーヒットノーランを達成。２０１５年、2度目の沢村賞を獲得。オフにポスティングシステムによるＭＬＢ移籍を表明。２０１６年1月7日、ロサンゼルス・ドジャースとの8年契約を発表。4月6日の敵地でのサンディエゴ・パドレス戦で初登板初先発。6回5安打無四球4奪三振でＭＬＢ初勝利を挙げ、この試合では初安打がホームランとなった。２０２０年、トレードでミネソタ・ツインズに移籍。サイ・ヤング賞投票で2位にランクイン。２０２１年4月、開幕投手を務めるも、9月にトミー･ジョン手術を受ける。２０２３年、５９１日ぶりの復帰登板。11月28日、デトロイト・タイガースへ移籍。１８５センチ、84キロ、右投右打

MLB年度別成績

※2022年は登板なし

年(所属チーム)	登板	勝	敗	セーブ	投球回	与四死球	奪三振	防御率
2016(LAD)	32	16	11	0	175.2	64	179	3.48
2017(LAD)	29	13	6	1	134.1	40	140	4.22
2018(LAD)	39	8	10	2	125.1	52	153	3.81
2019(LAD)	37	10	8	3	153.2	56	169	4.04
2020※(MIN)	11	6	1	0	66.2	10	80	2.70
2021(MIN)	21	6	5	0	106.1	40	113	4.66
2023(MIN)	21	6	8	0	104.1	31	117	6.09
2024(DET)	29	3	7	0	112.1	36	96	2.39
MLB計(8年)	219	68	56	6	978.2	329	1047	4.17

記録は2024年シーズン終了時点

※新型コロナウィルスによるシーズン短縮(65試合)

LAD:ロサンゼルス・ドジャース
MIN:ミネソタ・ツインズ
DET:デトロイト・タイガース

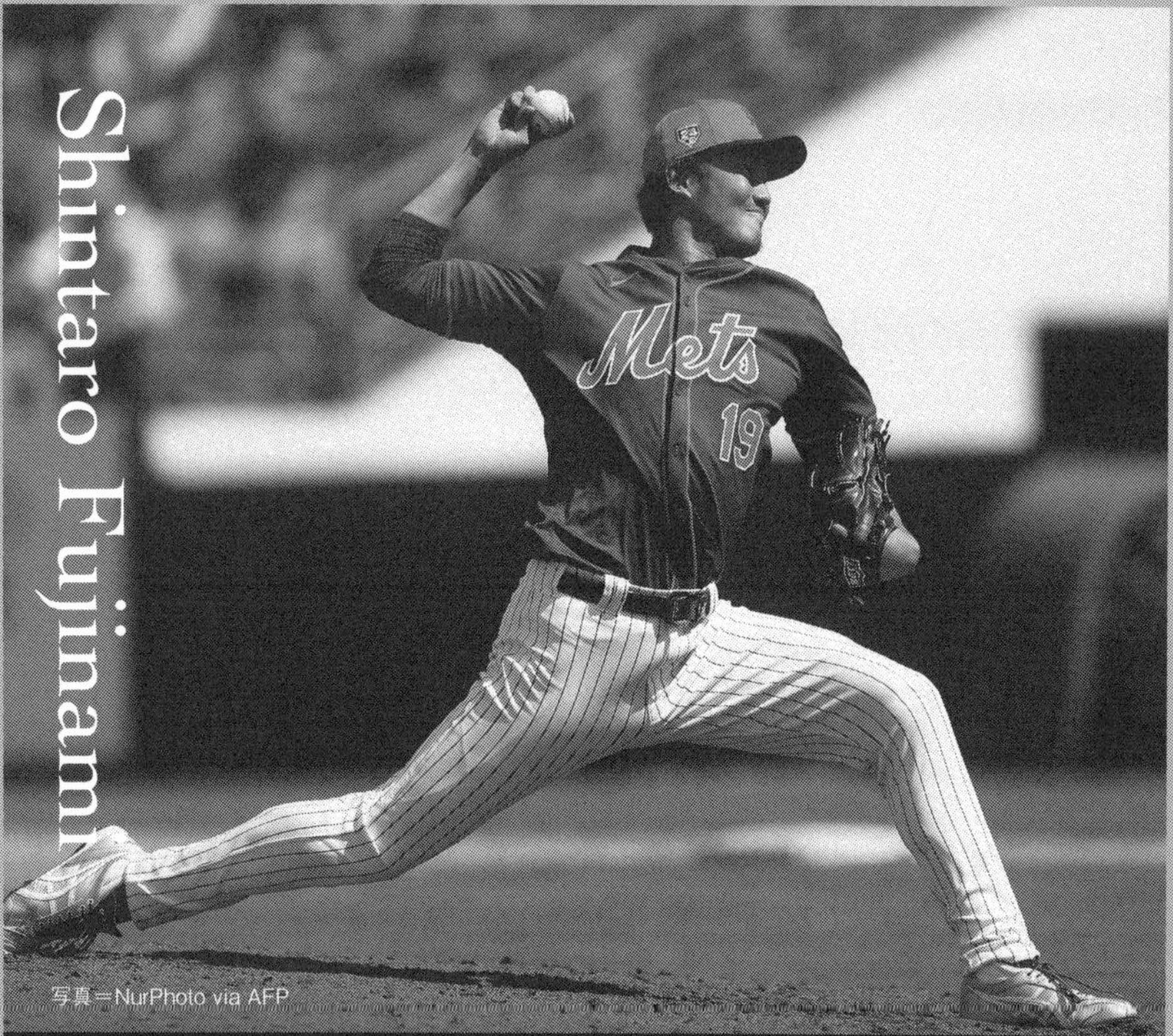

写真＝NurPhoto via AFP

第9章 名投手に化けるポテンシャル 藤浪晋太郎

（シアトル・マリナーズ）

先発・救援投手／30歳／右投げ

阪神タイガース〜オークランド・アスレチックス
〜ボルチモア・オリオールズ〜ニューヨーク・メッツ（3A）
〜シアトル・マリナーズ

メジャーでも屈指の剛速球の持ち主

藤浪晋太郎は、非凡な才能を持った投手です。メジャーリーグでもトップクラスに速いストレートが魅力です。彼のボールは非常に速いだけでなく、独特の変化も伴っています。予測不能な軌道を描く剛速球なので、打者にとっては厄介で、極めて攻略が困難です。だから彼が調子良く投げている時は、本当に見ていて楽しく、観客も圧倒的な投球にワクワクしながら見ています。

2023年にボルティモア・オリオールズで中継ぎとして投げていた時、藤浪は8月6日のニューヨーク・メッツ戦で、時速103マイル（約166キロ）のストレートを記録しました※1（地元放送局MASNが103マイルの表示。MLB表示は102・6マイルの約165・1キロで日本人最速。それまでは2022年9月10日にエンジェルスの大谷翔平が計測した101・4マイル［約163・2

キロ」が日本人最速だった。また、藤浪の102・6マイルはオリオールズでも史上3番目の最速記録となった）

藤浪晋太郎の103マイルのストレート動画
https://x.com/PitchingNinja/status/1688278713106903040

これには実況も興奮気味に「毎回これをやられたら手がつけられない」と驚愕し、私のフォロワーも「漫画の主人公のようだ」「火の玉のようなボールだ」「あれを打つのは不可能」とにわかにザワつきました。藤浪が、アメリカでも大きな注目を浴びた登板としてよく覚えています。

最大の持ち味であるストレートが本当に速く、ナチュラルに嫌らしい球なのは最大の武器です。ところが彼は時折、自分の投げたボールが狙ったコースに行かず、制球難に陥ることがあります。いったん制球が乱れ始めると、自信を失っていく様子が見て取れます。メンタル面のゆらぎが、投球に与える影響はとても大きいので、この部分の課題を克服していくことが望まれますが、このことについては後述します。

長身投手が制球に苦しむのは珍しくない

一つ前置きしたいのは、才能に恵まれた速球派で長身の投手が、若い時分に制球に苦しむことは珍しいことではないということです。思い起こされるのは、ノーラン・ライアン※2、サンディ・コーファックス※3、ランディ・ジョンソン※4といった歴代の名投手たちです。

実は彼らも、若い頃は同じように制球難に悩まされました。制球が定まらず、四球だらけで見ていられない試合もありました。彼らは毎回の登板で6～7人もの打者を歩かせることがありましたが、最終的には自分の身体の使い方を理解し、コントロールを手に入れました。努力と経験を重ねた結果、自分の体の使い方やメカニクスを摑んでいったのです。多くの投手は、試行錯誤や細かな修正を重ねながら、時が経つにつれて自分のメカニクスに「馴染んでいく」ものです。

それでも長身の投手は、手足も長いため、身体の使い方をマスターするのに時間が掛かる傾向があります。特にランディ・ジョンソンは、身長が6フィート10インチ（約208センチ）もあり、やはり制球難から脱するまでに時間を要しました。藤浪も、6フィート6センチ（約198センチ）と長身で手足が長いタイプです。身体の動きとメカニクスを連動させるのは簡単ではありません。だからこそ、第11章で詳述しますが、佐々木朗希が特別なのです。彼もまた、長身で手足が長い本格派の投手ですが、身体のすべての動きが完璧に連動していて、驚くほど自然なメカニクスが完成されています。それゆえ制球力をもって圧倒的な試合を作ることができるのですが、それは非常に稀なケースです。あの若さであの体躯にして、あれほど正確に制球できる本格派投手は、歴史的に見ても稀中のまれなのです。

ともあれ藤浪のストレートは無類の武器で、彼も素晴らしい投手なのです。ふとしたきっかけで大化けし、メジャーで大活躍する大投手になるポテンシャルがあると思うのです。例に挙げた投手も、皆そうした課題を乗り越えてきたのですから。

速球派投手にはチャンスが与えられる

メジャーでは藤浪ほどのストレートを持つ投手にはチャンスが与えられるものです。もし彼のストレートが時速90マイル（約145キロ）程度だったら、これほど多くのチャンスは得られないでしょう。90マイル程度で四球を連発してしまうと、許されません。しかし、102マイルを投げる投手なら、「いいだろう」「そういうこともあるだろう」と許容されます。それほどの球を持つからこそ、チームは彼に成功してもらいたいと願って、チャンスを与えるのです。

２０２５年シーズンは、シアトル・マリナーズで再出発することが決まりました。シアトルは美しい街で、全米でも幸福度が高い都市の一つということもあり、基本的にハッピーな人が多く、あまりブーイングをしません。何よりイチローというレジェンドがいる球団なので、藤浪も心強いことでしょう

藤浪にとって重要になる味方捕手ですが、マリナーズにはカル・ローリーという非常に優れた捕手がいます。ローリーは２０２４年、リーグのゴールドグラブ賞受賞者の中から選ばれるプラチナグラブ賞を獲得した中心選手で、投手のリードもサポートもとても上手です。

マリナーズには良い投手も揃っています。ローガン・ギルバート、ブライアン・ウー、ブライス・ミラー、ジョージ・カービーなど、私は彼らを春季キャンプで取材したり、一緒に時間を過ごしたりしたのですが、みな好人物でした。

マリナーズの投手コーチ陣の方針にも、藤浪は合致すると思います。彼らは「ゾーンを攻める」ことを信条としているので、ストライクゾーンに良い球を投げ込むことを重視します。藤浪もその方法を取るべきタイプです。彼の球は本当に素晴らしく、ストレートが無類の武器なので、自信を持って自分の最高の球をゾーン

に投げ込むだけで良いと思います。

制球難解決の糸口は「自信」

藤浪の制球難は、先ほども少し触れましたが、メンタルの要素が大きいのだと思われます。ただ「メンタル」と言うのは容易ですが、これは本当に重要で難しいことです。彼自身、突如として投球が乱れる問題を解決しようと、様々な取り組みをしてきたことと思います。これには時間が掛かるものなので、絶対に諦めずに乗り越えてほしいと思います。

周りの人は「好調な時にあれほどの投球ができるのだから、簡単なはずだ」と考えるかもしれませんが、決して簡単なことではありません。藤浪は、非常に高い基準を自分自身に課しているので、うまくいかない時に落ち込みやすい。そのうえ自分自身を許せない、チームを失望させたくないという思いが彼自身を追い詰め、その気持ちがさらに大きなプレッシャーとなって、という悪循環に陥っているように感じます。この状況を脱するための糸口となるのは、私は「自信」ではないかと思うのです。

２０２３年8月28日のシカゴ・ホワイトソックス戦でのことです。オリオールズが9対0とリードして迎えた9回に藤浪が登板しました。藤浪は先頭からの打者二人を抑え、最後に代打トレイス・トンプソンを時速85マイル（約１３７キロ）のスウィーパーで見逃し三振に斬って、試合を締めくくりました。

試合終了がコールされた瞬間、藤浪と捕手のアドリー・ラッチマンは駆け寄って握手を交わしましたが、そのまま藤浪は『最後のスウィーパーは、少しストライクゾーンから外れていたんじゃないか？」と身振りしながら捕手ラッチマンに話しかけていました。するとラッチマンは即座に「いや、あれは素晴らしいボールだった」と答えている様子がカメラでアップになっていました。ファンは試合後の選手のやり取りを垣間見るのが大好きです。この場面はファンの間で話題になり、ラッチマンが藤浪を見事にサポートしたという声が上がっていました。

また、藤浪は自信を失いがちな側面があるので、ラッチマンは、彼が審判の判定ではなく、自身の投球に集中できるよう導いたのだという論説の記事も出ていました。私はこのことからも藤浪にとって自信が一つの要素であり、藤浪は「誰が見てもストライクとコールされる球で終わるべき」という高い基準を課していたのだと感じました。

捕手はミットをど真ん中に構えよ

松井裕樹の第2章でも触れましたが、ボールの質が高くても制球が安定しない投手の場合、捕手がど真ん中にミットを構えることで、その投手の持ち味が最大限に発揮されることがあります。

ロサンゼルス・ドジャースのタイラー・グラスノーも同様のタイプで、彼もかつては制球が乱れがちでしたが、ストライクゾーンの真ん中に向かって投げることで、結果を出すようになりました。彼自身も、自分のボールが必ずしも狙った場所に行かないことを自覚していますが、むしろ予測不能なことで打者を翻弄させることに成功しています。

メジャーリーグの打者たちは、本当にレベルが高いので、完璧に狙った場所にボールを投げなければならないプレッシャーを感じるかもしれませんが、実際は必ずしもそうではありません。藤浪のボールは、精緻なコントロールがなくても、球の威力だけで十分に打者を抑えるだけの力があります。もっと気楽に、余計なプレッシャーを感じることなく、ど真ん中に投げるぐらいになると、持ち味がより発揮されるかもしれません。

プエルトリコの武者修行は最良の選択

２０２４年のオフシーズン、藤浪はプエルトリコでウインター・リーグに参加しています。これは最良の選択だったと思います。彼には、余計なプレッシャーをかけることなく、自分の身体の動きを感じながら、実戦で調整していく時間が必要でした。ここで自分のリズムを摑んで、満足のいく投球ができれば、それが自信に繋がって良い循環が生まれるでしょう。そして、その状態が続けばメジャーに戻っても良い結果を残せると思います。

彼が自信を持って投げている時は、ワクワクするのですが、制球難で自信を失っている姿を見ると、大きなハグをしてあげたくなります。そのぐらいマウンドでの彼は痛々しく、応援したくなる存在です。もし彼にアドバイスを伝えられるのなら、私はこう言うつもりです。

「あなたは大丈夫。焦る必要はありません。過去に偉大な投手たちも同じような問題を経験してきたのです。だから自分を責めることなく、じっくり取り組んでいってください。必ず乗り越えられると信じています」と。

彼のような投手は、励ましが大きなサポートになると思うのです。先述のラッチマンは、メジャーリーグを牽引する捕手として注目されている優秀な選手ですが、彼は藤浪にも素晴らしいサポートをしていました。ラッチマンは投手を励ますのが本当に上手なのです。藤浪は、彼のような捕手に支えられれば、自信を持って投げ続けられるはずなので、新天地でもローリーのサポートに期待したいところです。藤浪はすでにすばらしい投手なので、ほんの少しのサポートが必要というだけに思います。だから、制球難は大きな課題ですが、私は彼がそれを解決できないとは全く思わないのです。

死球はベースボールの一部。マウンドでは〝意地悪く〟、無心になれ

私にとって、藤浪は特に応援したい投手の一人です。何より彼には日本中の熱いファンがついています。それは私のSNSでの投稿へのコメントでも明らかで、大勢のファンが彼を応援し、彼が成功することを願っているのが伝わってきます。ただ同時にそれが、大きなプレッシャーにならなければ良いとも思うのです。

というのも藤浪はとても優しい人柄だと思うのです。多くの人が応援している

ことを感じ、チームメイトの期待に最大限に応えようとする思いが強すぎることが、彼を苦しめることになっているように感じるのです。投手にはある程度の〝意地の悪さ〟、そして目の前のボールに向き合う「無心さ」が必要です。優しい投手や考えすぎる投手ほど、自分自身を追い詰めてしまうことがあります。

例えば、ダルビッシュ有も考えすぎることが投球に影響を及ぼすと自覚していました。彼は投球間にボールを放り投げることで、目の前のことに集中するというアプローチを取ったと先にも述べましたが、藤浪も周りの人のことを考えすぎないよう、少しだけ肩の力を抜く必要があると思うのです。

また、死球を与えた時に窺える彼の人柄が優しすぎるように感じます。打者にボールを当ててしまう心配より、打者が避けることを信じて投げなければなりません。考えすぎると投げること自体が難しくなってしまいますから。

日本では死球を与えてしまったときに、投手が帽子を取って打者に謝罪するそうですね。私はそうした文化的背景をとても尊敬しています。時に故意かどうかわからないことがありますが、打者は投手からボールを当てられたとき、それが故意でなくとも苛立ちをあらわにすることが往々にしてあるからです。帽子を取ることで故意でなかったことを示すのは本当に礼儀正しいことで、打者もそれを尊重するのだと思います。

しかし、アメリカでは投手は勝負の世界にいるとして、一切の弱みを見せたくないと考えて謝罪はせず、打者にもそれもベースボールの一部であると理解することが期待されています。これは文化の違いにすぎませんが、藤浪の繊細さとも繋がっているように感じられます。

藤浪に対して、批判やヤジがなければどれほど良いかと胸が痛みます。高校時代から事あるごとに「なぜ大谷翔平のようになれないのか？」と周囲から比較されていたと聞いています。彼自身も持ち前の競争心がある以上、ライバル心を燃やしながら、自身にプレッシャーをかけ続けてきたのではないでしょうか。

そもそも投手というのは、本当にタフな仕事です。フィールドの真ん中にあるマウンドに立って、すべての視線を向けられ、ストライクが入らなければ誰もがそれに気づき、観客はフラストレーションを感じ、投手自身もそれを感じ取るなかで、浮き沈みなく一貫した投球が求められるのです。「なぜストライクを投げられないんだ！」と怒鳴る人もいます。しかし、それは逆効果で、どれほど野球が難しいかがわかっていないと思うのです。私がコーチなら「一緒に乗り越えよう。大丈夫、これまでにも同じ問題を経験した投手はたくさんいるのだから」と声を掛けに行きたいぐらいです。

SNSで応援の気持ちを表明

私は藤浪についてもSNSで数多く投稿して、応援の気持ちを表しています。私は普段からSNSで少し心理学者やコーチのようなコメントをすることがありますが、そうすることで励ましのメッセージを送りたいと考えているからです。

実際、ダルビッシュも私のそうした側面に気づいてくれたそうで、そうした理由から彼は私と話をしたいと思ってくれたのだと教えてくれました。ダルビッシュは、MLBでキャリアの初期段階にファンやメディアから厳しい批判の声を浴びていたのですが、私はずっと彼をサポートするような投稿をしていました。あの時のダルビッシュのことが思い出されます。もしかして誰かが私の投稿を見て、藤浪に対する見方が少しでも優しくなってくれるかもしれないと願っているのです。

また、藤浪自身にも届いて彼がどれほど素晴らしい投手であるかに気づくきっかけになればと考えています。そして自身の能力に揺るぎない自信を持って、それを証明してほしいと願ってやみません。

私はＳＮＳで、彼に対して厳しい言葉を投げることは決してありません。なぜなら、彼がすでに自分自身に対して厳しいことを知っているからです。だからこそ、代わりに彼の良い部分や素晴らしい瞬間を強調して投稿します。大勢のフォロワーも絶賛します。もし彼がそれを見て「自分はＭＬＢにいる価値がある素晴らしい投手なんだ」と感じてくれたら幸いです。これは私なりのやり方で、こうして少しでも彼をサポートできたら嬉しいと思っています。

※1　8月6日のニューヨーク・メッツ戦で、藤浪は8回の2点リードの場面で登板。相手の主砲ピート・アロンソを含む主軸の3、4、5番を全員3球で三者凡退。ブランドン・ハイド監督も「これまでで最高の内容。非常に素晴らしく圧巻のピッチングだった」と絶賛した

【投球内容】
①アロンソ＝3球で見逃し三振（100・2マイル、91・6マイル、90・2マイル）
②DJ・スチュワート＝3球で空振り三振（101・0マイル、100・8マイル、102・6マイル）
③オマー・ナルバエス＝3球で遊フライ（101・9マイル、94・0マイル、102・3マイル）。ナルバエスの94マイルの投球のみスプリッターで残り8球はすべてストレートで勝負

※2　ノーラン・ライアン（MLB在籍1966年－1993年）
MLB史上最多の通算奪三振（5714）とノーヒットノーラン7回を記録した剛速球投手。最速は、1974年に計測された100・9マイル（162・4キロ）とされるが、当時の計測技術の限界から、実際はもっと速かったのではと言われている

※3　サンディ・コーファックス（MLB在籍1955年－1966年）
1960年代に圧倒的な支配力を誇った左腕投手。短いキャリアながら、投手三冠王を3回達成し、ノーヒットノーラン4回（うち1回は完全試合）を記録。「The Left Arm of God（神の左腕）」と称される。怪我の影響で30歳で引退。公式記録はないが、球速は約100マイル（160キロ前後）だったとされる

※4　ランディ・ジョンソン（MLB在籍　1988年－2009年）
身長208センチ。長身の左腕から繰り出す最速102マイル（約164キロ）の剛速球と高速スライダーで、左打者にとって「悪夢」とされた投手。サイ・ヤング賞を5回受賞し、通算4875奪三振は歴代2位。ノーラン・ライアンの助言を受けて制球難を改善した

MLB年度別成績

年（所属チーム）	登板	勝	敗	セーブ	投球回	与四死球	奪三振	防御率
2023（OAK・BAL）	64	7	8	2	79.0	53	83	7.18

OAK：オークランド・アスレティックス
BAL：ボルティモア・オリオールズ

藤浪晋太郎
Shintaro Fujinami

1994年、大阪府堺市出身。大阪桐蔭高2年春からエースとなり1年後輩である森友哉（現・オリックス・バファローズ）とバッテリーを組み、3年春の選抜高校野球大会では全5試合で150キロ以上を計測し優勝。2012年のドラフト会議で阪神タイガースにドラフト1位で入団。2013年3月31日の開幕3戦目の東京ヤクルトスワローズ戦でプロ初登板・初先発。6回3安打2失点、7奪三振と好投するもチームは無得点で敗戦投手となる。高卒新人の開幕3戦目での先発登板は松坂大輔、涌井秀章を抜き、ドラフト制施行後史上最速。2度目の先発登板となった4月14日の横浜DeNAベイスターズ戦でプロ初勝利。結果シーズン10勝に到達。2014年も10勝を挙げる。2022年オフ、ポスティング・システムによるMLB挑戦を発表。2023年1月14日にオークランド・アスレチックスと年俸325万ドル（約4億3900万円）＋出来高100万ドル（約1億2800万円）の単年契約を締結。開幕ロースター入りを果たし、4月1日のロサンゼルス・エンジェルス戦でMLB初登板も、2回1／3、8失点で敗戦投手となる。その後は先発で不安定な投球が続いたため中継ぎに転向。以降は中継ぎのみで5勝を挙げた。7月、ボルティモア・オリオールズへトレード。8月、日本人最速となる103マイル（約166キロ）を記録。2024年、ニューヨーク・メッツと単年契約。主に3Aでの登板が続き、メジャー登板なくFA。2025年1月、シアトル・マリナーズとマイナー契約。198センチ、81キロ、右投右打

第10章
2025年にメジャーリーグに挑戦する投手たち

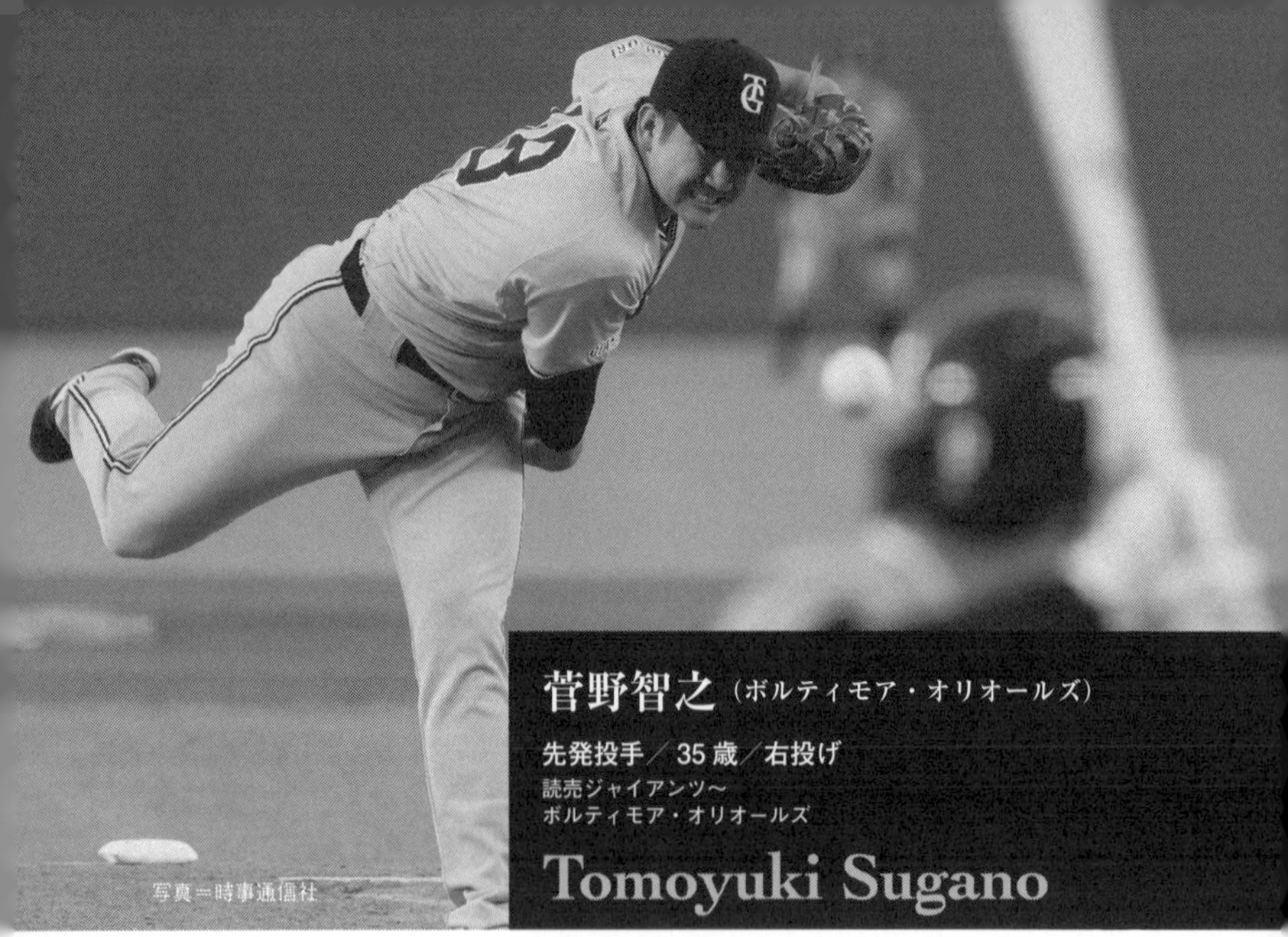

菅野智之（ボルティモア・オリオールズ）

先発投手／35歳／右投げ

読売ジャイアンツ〜
ボルティモア・オリオールズ

Tomoyuki Sugano

オリオールズは最適球団。チーム哲学に合う強豪との相乗効果に期待

菅野智之は、ボルティモア・オリオールズに入団しました。実は、私は彼にはオリオールズが合うだろうなと想像していました。なぜなら、彼が投球というものを熟知した投手の一人だからです。

オリオールズは、戦略的な投球を重視し、制球力に優れた投手が成功しやすいチームです。菅野のような頭脳派で正確なコントロールを実現するスタイルは、完璧に合致すると思うのです。また、チームにはメジャーを代表する捕手であるアドリー・ラッチマンがいます。彼のような優秀な捕手と組むことで、菅野はより高いレベルの投球が可能になるでしょう。チーム全体の投手育成方針とも相性が良いでしょうし、彼が結果を出していくことも容易に想像できます。

メジャーリーグでは近年、球速向上が大きなトレンドとなっていますが、オリオールズのように制球力や投球術をそれ以上に重視する球団もあります。オリオールズは、データ分析と現場の指導を融合させた先進的な投手哲学を持つチームで、言わば「力でねじ伏せる」というスタイルではなく、戦略的に打者を上回る投球を重視しています。

かつての投手は、力のある速球をどんどん投げ込んで、そこにカーブを織り交ぜるような緩急ある投球が主流でした。しかし、現在は速球系のボール中心に効果的に動かすことができれば、必ずしも強く投げる必要はありません。球速のあるストレートは絶対的要素ではなく、しっかりと投球を組み立てることが重要です。そのため、ストライクゾーンの四隅を正確に攻める能力も非常に重視されているのです。

菅野は、それらの能力を持つ究極の投手です。そのことにオリオールズも気づいたのでしょう。球団にとって素晴らしい戦力補強であり、2025年もオリオールズは有力な優勝候補になりそうです。これまで見事な実績を重ねてきた菅野にふさわしい環境だと思います。

菅野は、ストレートの球速は時速92マイル（約148キロ）ほどで決して速くありませんが、スライダー、スプリッター、カットボール、カーブなどの多彩な変化球を操る、正統派の先発投手です。2024年シーズンは、15勝3敗、防御率1・67で、156・2投球回を投げ、111奪三振に、与四球はわずか16という突出した制球力で、最多勝と最高勝率のタイトルを獲得しました。沢村賞（2回受賞：2017年、2018年）やセ・リーグMVP（3回受賞：2014年、2020年、2024年）など、多くの素晴らしい受賞歴を誇ります。

特筆するほどの球速を持っていないにもかかわらず、これほど高いレベルで結果を出し続けているということは、彼が、投手が兼ね備えるべき技術を網羅しているということでしょう。菅野は、緻密なコントロール、打者を打ち取る戦術、試合を組み立てる能力に優れ、常に冷静な思考で打者との駆け引きができるオールラウンドに完成された投手なのでしょう。

正直なところ、菅野については十分に観察する機会がなかったのですが、藤浪とは対照的なタイプに思います。藤浪は圧倒的な球威で勝負するタイプですが、菅野は緻密な投球術で打者を打ち取るタイプと見ます。山本由伸のように、球速と変化球すべてを兼ね備えてはいませんが、菅野の投球には明確な知性が感じられます。また、スプリッターやスライダーもMLB移籍を想定し、改良をしたということですが、これらもメジャーで成功するのに、非常に大きな要素になると思われます。もしかすると、オリオールズにとって最大の〝掘り出し物〟になるかもしれません。

オリオールズが求める役割。大ブレイクの可能性

菅野はベテランとしての経験と実績があるので、チームは即戦力として彼を起

用するでしょう。多くの登板機会を与え、すぐに貢献することが求められると見ていいます。おそらく、初年度の2025年シーズンから、160イニング程投げることになるのではないかと予想しています。

オリオールズには前年、エースとして大活躍したコービン・バーンズがいました。2021年にサイ・ヤング賞を受賞し、同年から4年連続でオールスターゲームに選出されたバーンズは、2024年シーズンをオリオールズでプレーし、32試合に先発し、15勝9敗、防御率2・92、181奪三振と、チームの要としてフル回転しました。そのバーンズが退団したので（バーンズはアリゾナ・ダイヤモンドバックスと6年総額2億1000万ドルの契約で移籍）、彼の穴を埋められる先発投手の補完は急務でした。バーンズは菅野よりもう少し速いカッター（平均球速は約95マイル）を投げますが、同じように多彩な球種を駆使する投手です。菅野も多くの変化球を操るタイプなので、オリオールズの組織的な投球哲学と良い化学反応が起きるのではないかと考えます。

極めて低い与四球率。三振を奪う必要はなし

菅野は日本で極めて低い与四球率を誇っていました。それは彼が非常に優れた投球術を持っていることを意味します。その技術は、メジャーリーグでも通用するでしょう。三振を取る必要はありません。アウトを確実に積み重ねることができれば、それで十分です。バーンズのような投手でも、速球だけで打者を圧倒するわけではありませんでした。彼もまた投球術を熟知し、狙ったコースにしっかり投げ分けています。

オリオールズには、もう一人、かつて東京ヤクルト・スワローズでプレーしたアルベルト・スアレス※も先発要員にいます。スアレスも、同様に経験豊富な技巧派の投手です。彼もアウトを取る術を知っているタイプです。こうした投手を揃えていく傾向からも、菅野はオリオールズに合うと思うのです。

日本からメジャーに移籍した投手たちは、経験豊富でも新人扱いされることが少なくありません。なぜなら、メジャーの打者たちは彼らの経験をあまり知るこ

ともないうえ、スカウティングレポートも十分に揃っていないからです。それは逆に、菅野のような経験豊富な投手にはアドバンテージとなります。メジャーの打者たちは、菅野の球筋や投球スタイルを知らず、見慣れていません。この初見の優位性は、大きな強みとなります。菅野にとって、非常に重要な年になりますが、私は彼がこの1年で良い結果を残して、大ブレイクを果たす可能性は大いにあると見ています。

※ アルベルト・スアレス
ベネズエラ出身の右腕。2016年にサンフランシスコ・ジャイアンツでメジャーデビュー後、ダイヤモンド・バックス傘下のマイナーを経て、2019－2021年は東京ヤクルト・スワローズ、2022－2023年は韓国のサムスン・ライオンズでプレー。2024年シーズンは7年ぶりのメジャー復帰を果たし、オリオールズで9勝7敗、先発24登板とリリーフ8登板の計133・2回を投げて防御率3・70だった

NPB通算成績

年（所属チーム）	登板	勝	敗	セーブ	投球回	与四死球	奪三振	防御率
読売（12年）	276	136	74	0	1857.0	411	1585	2.43

菅野智之
Tomoyuki Sugano

１９８９年、神奈川県相模原市出身。東海大相模高時代は最速１４８キロを記録するなどプロから注目を集めたが、甲子園出場はならず。東海大学時代は首都リーグで通算37勝4敗、防御率0・57、３４７奪三振を記録。２０１１年、読売ジャイアンツと北海道日本ハムファイターズが1位指名し、日本ハムが交渉権を獲得したが、日本ハムへの入団を拒否し浪人。翌２０１２年のドラフト会議で巨人から単独1位指名を受ける。２０１３年、3月30日の対広島東洋カープ戦でプロ初登板（勝ち負けつかず）。4月6日の対中日ドラゴンズ戦でプロ初勝利を挙げる。２０１４年の開幕戦で開幕投手を務める。２０１７年、平成生まれで初の沢村賞を受賞。２０１８年、最多勝利、最優秀防御率、最多奪三振の投手三冠王を獲得、2年連続の沢村賞を獲得。２０２０年12月、ポスティングシステムによるＭＬＢ移籍を申請するも新型コロナウイルスの影響で不成立。２０２４年、35歳シーズンで最多勝と最高勝率のタイトル、ＭＶＰを獲得。10月、海外ＦＡ権を利用してＭＬＢへの挑戦を表明。12月17日、ボルティモア・オリオールズと1年１３００万ドル（約20億円）で契約合意。１８５センチ、90キロ、右投げ右打ち

写真＝時事通信社

青柳晃洋（フィラデルフィア・フィリーズ）

先発・救援投手／31歳／右投げ
阪神タイガース〜
フィラデルフィア・フィリーズ

Koyo Aoyagi

アームスロットが特徴的も奪三振率に懸念

青柳晃洋は、興味深いサイドスロー投手ですね。サイドスローは、希少性の高い投手です。彼の投球フォームは独特で、メジャーリーグの打者にとっても、風変わりなアームスロット※1（投手がボールをリリースする際の腕の角度）に見えることでしょう。これは大きな強みになると思います。左右は異なりますが、独特の低いリリースポイントは、ヤンキースで投げているティム・ヒルを彷彿とさせます。

青柳は、２０２１年と２０２２年に2年連続で最多勝利と最高勝率のタイトルを獲得し、２０２２年には投手三冠（13勝、勝率・７６５、防御率２・０５）を達成しました。阪神タイガースでエースだったとのことですが、こちらではブルペン要員として起用されるのではないかと思われます。試合の要所や必要とされる場面で登板し、短いイニングを任されるかもしれません。本人にとっては満足できないかもしれませんが……。

どのぐらい投げるのか気になるところですが、フィリーズはファンがとても厳しいのも気がかりです。フィラデルフィアのファンは、ニューヨークやボストンと同じぐらい結果を出さない選手に厳しいのです。負けたり、不甲斐ないピッチングをしたりすると、容赦のない野次が浴びせられるかもしれません。逆に、結果を出すことができれば、ファンに愛されるのですけれどもね。

球速と奪三振の低さ

もう一つ私が懸念しているのは、青柳のストレートの平均球速は141・9キロ（2024年）とMLBの打者に圧を与えるほどの球速がないこと、そして奪三振率※2があまり高くないことです。奪三振率（K／9）は、投手が9イニングを投げた場合にどれだけ三振を奪えるかを示す指標で、投手の能力を評価する重要な要素の一つです。

メジャーリーグでは、奪三振率が高い投手は「自力でアウトを取る能力が高い」として高く評価されます。また近年、リーグ全体の奪三振率は年々上昇傾向にあり、平均がおおむね8～9前後ですが、青柳の奪三振率は、5・16（2024年）で、投手三冠を獲得した2022年も7・32です。異なるリーグでの数字とはいえ、基本的に青柳のように打たせて取る変則タイプの投手は、MLBへの適応が少し難しくなることが多く、苦労するかもしれません。

しかしながら、私は彼のことを実際に見てはいないので、うまく適応できないと断言したくはありません。彼と契約した球団は、成功する理由を見つけているはずですから。私の懸念が杞憂であることを願っています。

※1　アームスロット（arm slot）
投手がボールをリリースする際の腕の角度を指す。リリースポイントまで腕が辿る軌道を示し、オーバーハンド（腕がほぼ垂直に近い位置から投げるフォーム）、スリークォーター（腕が地面に対して約45度の角度でリリースされるフォーム）、サイドアーム（腕が地面とほぼ平行に近い位置でリリースされるフォーム）、アンダースロー（サブマリンとも呼ばれる。腕が地面により近い位置からリリースされるフォーム）の4つに大別される

※2　奪三振率
投手が9イニング（1試合分）あたりにどれだけの三振を奪うかを示す指標。MLBでは投手の能力を測るうえで守備の影響を受けにくい純粋なパフォーマンスデータとして重視される。2020年代のMLB全体の平均K／9は約9・0前後で推移しており、これは過去数十年と比較して非常に高い水準となっている。計算式は、奪三振率（K／9）＝（奪三振数×9）÷（投球回数）

NPB通算成績

年(所属チーム)	登板	勝	敗	セーブ	投球回	与四死球	奪三振	防御率
阪神(9年)	154	61	47	0	898.1	381	647	3.08

青柳晃洋
Koyo Aoyagi

1993年、神奈川県横浜市出身。川崎工科高時代は1年秋より主力投手となる。帝京大時代は1年より公式戦に出場、4年時にはベストナインを獲得。2015年、ドラフト会議で阪神タイガースより5位指名を受ける。2016年、6月1日の対東北楽天ゴールデンイーグルス戦で先発回避の投手の代役で先発し、初登板初勝利。2019年、初めて規定投球回数に到達し、自身初の9勝を挙げた。2020年、2年連続の規定投球回数を達成。2021年、13勝6敗で最多勝利、最高勝率のタイトルを獲得。2022年、13勝4敗、最多勝利、最高防御率、最高勝率の投手三冠を獲得。2023年、チームの優勝に貢献、2024年、2勝3敗の成績も、11月ポスティングシステムによるMLB挑戦を表明。2025年、ポスティング交渉期限当日にフィラデルフィア・フィリーズとマイナー契約を結んだ。年俸は推定2億1000万円から大幅減となった。183センチ、80キロ、右投右打

小笠原慎之介（ワシントン・ナショナルズ）

先発投手／27歳／左投げ
中日ドラゴンズ〜
ワシントン・ナショナルズ

Shinnosuke Ogasawara

今永昇太を彷彿。特別な武器はなくとも過小評価か

小笠原慎之介も、体格があまり大きくない左投手ですね。同じような身長の左腕である今永昇太を彷彿とさせるところがあります（今永は身長178センチ、小笠原は180センチ）。

小笠原は、2024年シーズンは24試合に登板し、5勝11敗、防御率3・12でしたが、やはり奪三振率が5・11と振るわなかったことが気がかりです。2022年

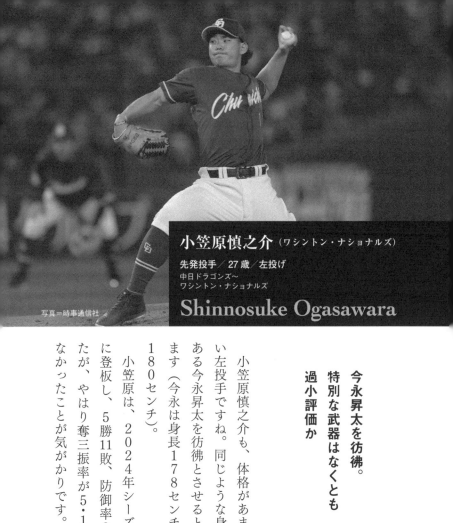

シーズンは8・72あったのが低下してしまっています。青柳晃洋に関しても同様に奪三振率の重要性を記しましたが、メジャーには強打者が多いので、空振りを奪えないのであれば、いかに打者のバランスを崩す投球ができるが肝になります。ただし、彼がどれほど優れた球種を持っているか、他に投球術に長けているかは、未見なので判断ができません。

私は以前も今永について、彼のピッチングをホームプレートの後ろから見るまで、その素晴らしさがわかりませんでした。実際に目の当たりにして初めて「なんて彼は素晴らしい投手なんだ！」と実感することができました。球速や奪三振率は重要な要素ではありますが、それがすべてではありません。小笠原についても、私は十分に見ていないので過小評価しているだけかもしれません。彼を獲得しようとしていた球団は複数あったことですし、私が見逃しているポイントや気づいていない良さを評価していることでしょう。

持ち球としては、ストレートが時速143・5キロほどで、成功している多くのMLB投手と比べると少し物足りない印象を受けますが、彼のチェンジアップはとても良いですし、制球力も非常に優れています。

また、オフシーズンの間にドライブライン・ベースボールで、スライダーの改良に取り組んだと知りました。要するに、短めのスウィーパーのような球種になるよう、スライダーに横方向の変化を加えているようです。これはＭＬＢで打者を攻める球種として、有効になるはずです。

小笠原は、ナショナルズでＭＬＢキャリアをスタートさせます。ナショナルズは今、再建期にあり、投手陣は重厚とは言えないので、小笠原にも必ず相当の登板機会が与えられるでしょう。もちろん若手投手らが競争する最中なので、簡単なことではありませんが、ここで彼がどうチャンスをものにできるか注視したいと思います。

NPB通算成績

年（所属チーム）	登板	勝	敗	セーブ	投球回	与四死球	奪三振	防御率
中日（9年）	161	46	65	0	951.1	336	757	3.62

小笠原慎之介
Shinnosuke Ogasawara

1997年、神奈川県藤沢市出身。東海大相模高2年時夏に全国高等学校野球選手権に出場。3年時夏の神奈川県大会で27投球回、30奪三振、防御率0・00を記録。夏の甲子園では151キロを記録した。2015年のドラフト会議で2球団競合（外れ1位）の末、中日ドラゴンズが指名権を獲得。2016年5月31日、対福岡ソフトバンクホークス戦でプロ入り初登板。5回を投げて1安打1失点も勝敗はつかず。9月4日の対読売ジャイアンツ戦でプロ初勝利。2017年、プロ初完投勝利。2018年、自身初の開幕投手を務めるも、左肘の違和感を訴え、シーズン終了後に左肘遊離軟骨除去手術を受ける。2021年、ローテーションを最後まで守りきり、自身初の規定投球回数に到達。2022年、初の二桁勝利、2年連続の規定投球回数に到達。2023年、5年ぶりの開幕投手を努め、8回5安打3失点145球の力投も白星つかず、議論を呼んだ。この年自己最多の160・2回を投げ、7勝12敗となった。2024年、4年連続で規定投球回数に達したが5勝11敗に終わる。12月、ポスティングシステムによるMLB挑戦が球団から認められ、2025年1月24日、ポスティング交渉期間終了間際にワシントン・ナショナルズと2年総額350万ドル（約5億2500万円）で契約を結んだ。180センチ、93キロ、左投左打

Roki Sasaki

写真＝AFP＝時事

第11章
全米を驚かせる最高のプロスペクト
佐々木朗希

（ロサンゼルス・ドジャース）

先発投手／23歳／右投げ

千葉ロッテマリーンズ～
ロサンゼルス・ドジャース

衝撃的な投手

佐々木朗希は、本当に衝撃的な投手です。圧倒的な剛速球を投げ、なおも23歳です。2023年に日本人最速タイとなる時速165キロを記録したことも驚かされました（最速記録のもう一人は2016年10月16日、北海道日本ハム時代の大谷翔平）。

彼のストレートには、非常に良い arm-side run（アームサイドラン）※1が発生しています。しかも、自在に投げたいところに投げられるのです。第9章でも触れたように、このような動きのある剛速球を若く、特に手足の長い長身の投手がコントロールするのは極めて珍しいことです。この剛速球を抜群に制球できることも、佐々木が類を見ない投手である理由の一つです。

自在に操れる剛速球に加えて、さらに彼を際立たせているのがスプリッター

（フォーク）です。佐々木のスプリッターは、打者が見たことのない軌道を描きます。ほとんどのスプリッターは、真っ直ぐに落ちるか、アーム側（投手の投げる腕側）に流れるのですが、彼のスプリッターは逆側に曲がって落ちるのです。「なぜこれがスライダーじゃないのか」とすら思わせるスプリッターなのです。佐々木のこのスプリッターは、カットするような動きでリリースされ、進行方向を軸に回転するジャイロ回転が加わることで、他のどのスプリッターとも異なる、かなり独特な変化が見られるのです。

佐々木朗希のオーバーレイ動画
https://x.com/PitchingNinja/status/1880591300602585375

何度か言及したように、そもそもＭＬＢではスプリッターに関しては日本ほど発展していないため、スプリッターの種類も多くありません。

最近では、2023年にローガン・ギルバート（マリナーズ）が、2024年にブライス・ミラー（マリナーズ）が新たに近い動きのスプリッターを導入し、大きな武器にしていますが、使い手はまだ少ないのが現状です。明らかに見慣れていない独自の動きを作っている佐々木のスプリッターは、メジャーでも非常に効果的で、最も打ちづらい最高の球種の一つになるでしょう。空振り率も50～60％という非常に高い数値を出すことが予想されます。

ドジャース入団以外は考えられなかった

佐々木は最終的にドジャース入団を決断しましたが、他の選択をすることはないだろうと予想していました。私が佐々木だったら……と考えただけですが、やはり育成体制、コーチ陣、マーケティング、チームの強さ、他国からの選手の受け入れ体制など、総合的に考えると、今のドジャース以上のチームはないからです。

ドジャースにはすべてが揃っています。多額の資金があり、最新テクノロジーの設備、優秀な人材、そしてオールスター級の選手たち。

大谷翔平、山本由伸という日本からの先輩スターがいて、看板選手のムーキー・ベッツやフレディ・フリーマンも、見るからに気さくな人たちです。それに、ベテランのクレイトン・カーショウは、チームの神のような存在で、本当に優しい人です。そんな彼らが近くにいて、互いに支え合い、新しい選手が順応するのを助けてくれるのです。若い佐々木にとって、これ以上の環境はないと思います。

ゴムバンドのようにしなやかな身体

私は初めて佐々木を映像で見たとき、強烈な印象を受けました。彼の投球フォームが独特で、腕や身体の使い方がゴムバンドのようにしなやかで、まるでバネのように力を生み出していると感じられたのです。「なんていう投手なんだ⁉」と瞠目して見ました。これも豪速球が投げられる秘訣なのでしょう。

ただ、球速低下は気になっていました。2024年シーズンの佐々木は、ストレートの球速が約2マイル（3・2キロ）ほど落ちていました（2023年のストレートの平均球速は159・1キロも、2024年は155・9キロとなった）。同シーズンは、何度か怪我やコンディション不良で離脱したようなので、その影響なのかもしれません。

やはり彼のストレートは、驚異的なスピードと独特な変化があってこそ、唯一無二のボールとなっているので、球速が少し落ちると、その特異性が多少は下がってしまいます。97マイル程度（約156キロ）であれば、打者はある程度対応できるようになるからです。佐々木が、再び99〜100マイル(時速160キロ前後)のスピードを取り戻すことができれば、メジャーでも稀有な存在になります。

メジャーへの移籍交渉中、佐々木は球団に「球速低下の原因分析と再発防止プラン」を提示するよう求めたと聞きました。良い質問をするなぁと私は感心しました。彼は、なぜ球速が落ちたのか、チームやコーチがどう考えて、どう解決しようとしているか見極めたかったのでしょう。選手として一緒に働きたいと思える人々かどうかを判断するのにも役立つすばらしい質問です。

ドジャースには、大規模なバイオメカニクス部門もあるので、彼らプロのチームが詳しく解析して、球速低下の原因を究明し、修正できると期待しています。

彼はまだ23歳と若いので、球速を取り戻すことも可能でしょうし、投球フォームを微調整することで改善できる部分もあるはずです。握り方を工夫したり、別の変化球を習得していけば、彼はさらに進化していくことでしょう。

これまでは、あえて新しい球種を加える必要はありませんでした。すでに圧倒的だったので不要でした。しかし、メジャーリーグ移籍後は、球種を増やす必要性が出てくるかもしれません。身体の負担を減らすためにも、力でねじ伏せるような投球ではなく、新しい変化球をさらに組み合わせる方向性に向かうことが考えられます。

平均より低いスライダーの回転数

ストレートの球速が戻れば、スプリッターとの組み合わせで十分に打者を圧倒できると思います。でも今後、新しい球種を増やすなら、カットボールを導入するかもしれませんし、チェンジアップを加えたり、大谷のようにシンカーやツーシームを投げることも考えられます。さらに新しい変化球を開発するかもしれません。選択肢はたくさんあります。

佐々木のスライダーに関しては、回転数が大体2000RPM程度と多くありません。MLBにおけるスライダーの平均回転数は2400RPM程度なので、佐々木のスライダーが平均よりも低く、変化量が小さいことを考えると、まだ完成型ではないのかもしれません。ただ、これもドジャースが得意とする分野なので、改善する方法は見つかるでしょう。例えば、ドジャースのアシスタント・ピッチングコーチが開発した『CleanFuego』というトレーニングツールがあります。ボールのスピン効率やスピン方向、リリースポイントの改善に役立つツールで、普通のボールより視認性が高く、多くの投手がこれを使っています。

もしかすると、佐々木はこちらでスウィーパーを開発するかもしれません。私は導入すると見ています。というのもスウィーパーは、あまり回転数に依存しない球種なのです。

球速とスピンの関係によるので、回転数が少なくとも空気がボールの縫い目を通る動きで変化を生み出すのです。ナックルボールが良い例で、ナックルボールはスピンがほとんどなくても、条件が揃うことで20インチ（約50センチ）も動くことがあります。ドジャースは、その教え方も熟知しているので、佐々木に教える可能性があると思うのです。

ドジャースは佐々木を成長させるためのサポートを尽くすでしょうが、おそらくメジャーに移籍した最初のシーズンは、まずは過度な負荷をかけないよう登板間隔を空けて大切に起用されると考えます。ドジャースは2025年シーズンに先発ローテーションを6人制にするので、彼にとっても良いと思います。筋肉が十分に強化されていない状態で大きな負荷がかかれば、靭帯が損傷して大きな手術が必要になる怪我のリスクがあるからです。チームは彼に期待しながらも、少しずつ調整しながら投げさせると思います。例えば、4~5イニング程度を定期的に投げるかもしれません。

佐々木のメジャー到来に同世代の〝怪物〟スキーンズとの比較論が巻き起こる

アメリカには、佐々木に同世代のポール・スキーンズ※2という素晴らしい投手がいます。スキーンズは、2023年にドラフト全体1位で指名され、MLBドラフト史上最高額の契約金920万ドル(約14億3000万円)でピッツバーグ・

パイレーツと契約し、2024年5月11日にメジャーデビューをしました。「令和の怪物」と言われる佐々木のように、スキーンズも「モンスター」と呼ばれる若き剛腕エースで、同年のデビューイヤーはナショナル・リーグ新人王を獲得しただけでなく、オールスターゲームに選出され、サイ・ヤング賞の最終候補3位で終える活躍ぶりでした。

熱心なベースボールファンの間では、佐々木とスキーンズがよく話題にのぼるので、私はSNSの「X」で「もし佐々木朗希かポール・スキーンズのどちらか一方を、あなたのチームの先発ローテーションに加えられるとしたら、どちらを選びますか?」とアンケートを取りました(2024年5月24日実施)。4789票が集まり、結果はスキーンズに59・2%、佐々木に40・8%の票が投じられました。

スキーンズがメジャーデビューしたすぐ後だったので、彼により多くの票が集まりましたが、フォロワーの皆さんそれぞれが応援するチームで佐々木が見たいという声もたくさん見られました。

私自身は以前、佐々木のほうがスキーンズより上位のプロスペクトかもしれないと考えていましたが、今では甲乙つけ難いと感じています。例えば、佐々木もスキーンズも、160キロ級の速球を投げますが、佐々木のほうがスプリッターは独特な動きを持っています。とはいえ、スキーンズはsplinker（スプリンカー）と命名しているスプリッターとシンカーを合わせた独自の変化球を持っています。この鋭く落ちるボール一つ取っても、どちらも甲乙つけがたいほどユニークです。

スキーンズは、若手投手として今まで見たことがないほど優秀です。しかしなおも私は、佐々木も同等レベルかそれ以上のポテンシャルがあるとも見ています。佐々木は、MLBで見たことがないほど優れた投手になる可能性を秘めていると思うのです。

発展途上の投手

佐々木は、以前から山本由伸ともよく比べられてきました。ファンの中には「山本のほうが良い投手だ」と言う人もいれば、「佐々木のほうが良い」という人もいて、意見が分かれています。よく議論もしますが、正直まだ答えが出ていません。

山本は、ＮＰＢで圧倒的な実績を持ち、３年連続で沢村賞などを受賞した完成された投手です。ストレート、カーブ、スプリッター、カットボールなどの多彩な球種を完璧に操り、投球術にも秀でた、芸術的な投手です。

一方の佐々木は、未完成の投手です。スタイルも山本とは異なり、どちらかというと大谷翔平のように力で打者を圧倒するタイプの投手です。すでに球速や力で支配するピッチングには長けていますが、山本に比べると、すべての球種を狙ったところに正確に決めるというコマンドは、まだ発展途上にあると思います。それに、佐々木は怪我を防ぐための保護策もあって、これまでの投球回数が少なく、１６０〜１７０イニングを投げた場合にどうなるかはわかりません。

日本では、「佐々木は過保護に扱われている」といった指摘もあるようです。これに対して、ダルビッシュは「自分が彼ほどの腕があれば酷使しないよう気をつける」と佐々木を擁護していました。

スキーンズにも慎重な起用法に対する反発がありましたし、スティーブン・ストラスバーグ※3が早くに怪我をしてキャリアを終えたことからも、投球回数を制限したり、〝過保護〟に扱ったりしても、健康が保証されるわけではないと人々は考えるようになったのでしょう。実際、手厚くケアをしても、怪我をするケースは後を絶ちません。

そのため、もう少し投げさせながら状態を見れば良いという意見が出てきたのだと思います。たしかに、ノーラン・ライアン、トム・シーバー、グレッグ・マダックス、ジョン・スモルツ、トム・グラビンら、歴代の名投手はみな多くのイニングを投げていました。たくさん投げることで靭帯を守る筋肉が強化されることもあるかもしれません。ただ一方で、あまり投げなかった投手が突然ハードに投げはじめると、前述のように怪我の可能性があります。関連する筋肉が十分に鍛えられていれば、負荷を吸収できるので無理はさせられないとも思います。

これには専門家の中でも様々な理論があります。佐々木は徐々に、これまでより多く投げることにはなるでしょうが、ドジャースにいる以上、少なくとも余計なプレッシャーはありません。ローテーションは6人制で、投手層はどこよりも厚いので、何かを無理にやらせる必要がないことは好材料に思います。

アメリカを驚かせる最高の投手になる可能性

アメリカでは、熱心なベースボールファン以外、佐々木のことはあまり知られていません。しかし、メジャーデビューすれば、大勢が驚くことが想像されます。彼は23歳とまだ若く、すでに全盛期に近いような状態です。そんな選手がMLBに来ることは多くありません。大谷がそうだったように、佐々木もかなりの期待をMLBだけでなくビジネスマーケット界隈から集めています。契約上、山本由伸ほどの資金を必要としないことも理由にあります※4。ドジャースでは日本の大企業などのスポンサーが新たにつくなど、広告収入もかなりの金額が動くでしょう。

メジャーで成功するには、人間性も重要になります。私は彼と話したことはまだありませんが、今のところ見た限りでは彼は若いのに、非常に落ち着いた印象を受けます。マウンドで感情をあまり表に出さないので、試合中の様子から彼の性格を読み取るのは難しいですね。

ＷＢＣでの様子を見ていて、気づいたことがあります。日本代表チームに帯同しているなか、大谷は山本に対しては冗談を言って、彼の投球フォームをからかったりしている様子が見られたのですが、佐々木に対しては真逆のアプローチを取っていたのです。大谷は、佐々木に対しては、真剣な様子で接していて「凄いな」という風に感心していました。佐々木がチームの最年少だったことも関係しているのかもしれませんが、大谷は彼を励まし、殻を破らせようとしているようにも見えました。

もちろん、選手によって性格は違うので、イジられて成長するタイプもいれば、自信をつけさせることで成長するタイプもいます。見たところ、山本は自分の能力に自信を持っているのが、振る舞いにも表れています。山本は、自分が一流の投手であることを理解し、その自信が彼をさらに強くしているように見えます。一方、佐々木はまだ学ぶことが多く、他の投手たちから吸収しながら成長していく段階です。彼がどういったタイプなのか、チームメイトとの関わりを通してわかると思いますが、彼の新しい一面が見られることにも期待したいですね。

WBCチェコ戦で垣間見えたキャラクター

まだ彼がどんな性格なのかはわかりませんが、WBCでチェコと対戦したときの裏話には感動しました。2023年3月11日の一次ラウンドで、佐々木がチェコのウィリー・エスカラ選手のヒザに、時速162キロの速球を当てた時のことです。

エスカラは打席に倒れ込むも、すぐに一塁に向かうと軽く走るなどして何でもないふりをしていました。佐々木は、その時も申し訳なさそうにしていたのですが、なんと試合後に袋いっぱいのお菓子を2袋、エスカラにお詫びの印として持っていってプレゼントしたのです。アメリカの選手でこういうことをする選手は、ほぼ皆無です。藤浪晋太郎の章でも、日本における死球の〝文化〟には感銘していると詳述しましたが、これは彼の素晴らしいスポーツマンシップの表れと思いました。とても心優しい青年なのだと思います。

実は、この死球を受けたエスカラは、その時、私にインスタグラムでダイレクトメール（DM）を送ってくれました。彼は「佐々木から死球を受けたことは、僕のWBCのハイライトです。彼と対戦し、剛速球をヒザに受け、たくさんのお菓子のプレゼントをもらったことを子どもたちに語りたい」と誇らしげでした。

些細なことかもしれませんが、彼の人間性やスポーツマンシップが垣間見られた貴重な出来事だったように思います。

オールスターチーム「悪の帝国」誕生

ドジャースの投手層はオールスターチームの様相を呈しています。先発ローテーションには、大谷翔平、山本由伸、佐々木朗希という日本のエリート投手が揃いました。

奪三振率を基準に見ると、ブレイク・スネルとタイラー・グラスノーは歴代でもトップクラスの投手です。大谷もその基準で驚異的な成績を誇ります。山本はメジャーを1年経験して、より適応して戻ってきますし、彼らは佐々木に様々なことを教えられるでしょう。

ダスティン・メイの投球も注目に値します。彼はメジャーでもトップクラスに凄まじい変化球の数々を投げます。他にもトニー・ゴンソリン、そしてクレイトン・カーショウがいます。

ブルペンも充実していて、最速100マイル（約161キロ）の速球を持つマイケル・コペックやリリーフエースのエヴァン・フィリップス他、頼りになる投手陣が居並ぶなか、リリーフ投手として打者・大谷翔平をほぼ唯一抑えることができる投手として知られていたタナー・スコットをサンディエゴ・パドレスから獲得しました。

これほどの好投手が揃うのは前代未聞で、多くのベースボールファンがドジャースを「悪の帝国」呼び、嫌う理由となるでしょう。しかし、逆に彼らを倒すことが大きなニュースにもなります。だから、私は良いことに思いますし、最高の選手たちが集まるのが見られるので、私には楽しみでしかありません。

今のドジャースは、間違いなく30球団で最も強いチームでしょう。ワールドシリーズ進出はもはや当然とみなされますが、全球団が「打倒ドジャース」で向かってくるため、予想外のことも起こるかもしれません。最高の投手戦や勝負が繰り広げられることに期待が高まるばかりです。佐々木の成長とともに、ますますドジャースから目が離せません。

※1　arm-side run（アームサイドラン）
投手が投げる球の横方向の変化を指す用語。変化は、投手の投げる腕側（右投手なら右側、左投手なら左側）に向かってボールが動く現象を指す。投手の持つ投球メカニクスの結果として生まれる変化で、ボールの回転軸や空気抵抗の影響によって生じる。速球系の球種で見られ、打者にとって球種の見極めを難しくする

※2　ポール・スキーンズ
２００２年5月29日、アメリカ・カリフォルニア州生まれ。メジャー初年度の２０２４年シーズンの成績は、23試合に登板し、11勝３敗、防御率１・９６。特に１３３投球回を投

げ170奪三振と、奪三振率（K／9）は11・50と突出している

※3　スティーブン・ストラスバーグ
　2009年にドラフト全体1位で指名され、ドラフト史上最高額の4年総額1510万ドルでワシントン・ナショナルズと契約。2010年にメジャーデビューし、8月にトミー・ジョン手術を受けて長期離脱するも2012年には15勝を挙げてエースとして復活。2019年には18勝を挙げ、ワールドシリーズMVPを受賞した。同年に7年総額2億4500万ドルの大型契約を結ぶも、その後は再び怪我に悩まされ、契約期間中にわずか8試合の登板に終わり、2023年に現役引退を表明した。ポール・スキーンズは「ストラスバーグの再来」と全米から期待を集めている。

※4　佐々木は23歳での契約になるため、MLBの労使協定にある「25歳ルール」が適用される。同ルールは、若手外国人選手の獲得競争が激化し契約金が高騰したため、若手選手の健全な育成やリーグ全体の競争均衡を保つために設けられた。25歳未満の海外選手をメジャー球団が獲得する際は、契約金や年俸の総額が年間約500万ドル程度に制限され、マイナー契約からのスタートとなる。大谷翔平は2017年オフに23歳でMLBに移籍し、このルールの適用を受けて契約金は約231万5000ドル（当時のレートで約2億6000万円）だったが、2023年オフに26歳でメジャー挑戦をした山本由伸は、12年総額3億2500万ドル（同約465億円）の大型契約を結んだ

NPB通算成績

年(所属チーム)	登板	勝	敗	セーブ	投球回	与四死球	奪三振	防御率
千葉ロッテ(4年)	64	29	15	0	394.2	112	505	2.10

佐々木朗希
Rohki Sasaki

2001年、岩手県陸前高田市出身。中学3年時に当時の自己最速となる141キロを計測。大船渡高1年時、147キロを記録。2年時の夏の大会では154キロ、2年秋には高校2年生史上最速タイとなる157キロを計測した。この当時から「令和の怪物」と称され、大きな注目を集める。3年夏の大会では160キロを計測。決勝となる対花巻東高戦では「故障予防のため」という理由で登板を回避。チームは敗退し、大船渡高には苦情の電話が殺到し、メディアも巻き込んだ社会問題となった。2019年のドラフト会議で4球団競合の末、千葉ロッテマリーンズから1位指名される。2020年は1軍登板のないままシーズンを終える。2021年5月16日の埼玉西武ライオンズ戦でプロ初登板初先発。2度目の先発となった対阪神タイガース戦でプロ初勝利。2022年開幕ローテーション入り。3月27日のシーズン初登板試合で自己最速を更新する164キロを記録。4月10日のオリックス・バファローズ戦ではNPB記録かつ、世界記録となる13者連続奪三振、NPBタイ記録の1試合19奪三振の記録を作り、史上最年少の完全試合を達成する。4月17日の対北海道日本ハムファイターズ戦では、完全試合投球を続けていたが、打線の援護なく8回無安打14奪三振無失点で降板した。2023年のWBCに出場、2年連続の開幕ローテーション入り。2024年、3年連続で開幕ローテーション入り。自身初の二桁勝利を達成。シーズン終了後の11月9日、ポスティングシステムによるMLB移籍が承認され、2025年1月17日ロサンゼルス・ドジャースとマイナー契約を結んだ。契約金は650万ドル(約10億1400万円)。188センチ、85キロ、右投右打

第12章
ピッチングニンジャとは何者か?

弁護士からMLBアナリストへ～ベースボールへの情熱

私は運が良かったのです。本職は弁護士でしたが、今では副業のようになっています。ベースボールが大好きで、学んだことや面白いと思うことを共有したいとSNSで発信していたら、それが本業になっていました。

今、私のXやインスタグラムにはそれぞれ50万人以上、ユーチューブには23万人以上、TikTokやTreadsなども合わせると合計150万人以上のフォロワーがいます。MLB公認アナリストにもなりましたが、アメリカの様々なメディアでライター、コンサルタント、インタビュワーとして活動しています。おかげで日々、世界中の人々と交流を楽しみながら、学生からメジャーリーガーにいたるまで、多くの選手や指導者、関係者から相談を受けるようになりました。ダルビッシュ有も、私のSNSでの発信がきっかけで連絡をしてくれました。

まずは私の自己紹介をはじめ、どういった経緯で今のような幸運に恵まれたのかを記したいと思います。

ニューヨークのブルックリン生まれでメッツファンです。幼い頃からベースボールが大好きでした。子ども時代は、1969年の「ミラクル・メッツ」※1の立役者で、5度の奪三振王、9年連続の200奪三振以上を記録したトム・シーバー※2の活躍に胸を踊らせていました。1974年11月2日の日米野球で実施されたハンク・アーロンと王貞治のホームラン競争※3も覚えています。よく夜になると、寝室から抜け出してベースボールの試合をこっそり見ていました。というのも両親ともベースボールは好きでしたが、勉強が第一であるという考え方だったからです。
ベースボールを愛しながらも、私はノースカロライナ大学に進学し、そこでは生徒会副会長も務めました。プレーそのものは大学まで続けましたが、選手になるほどの才能はありませんでした。大学卒業後は、エモリー大学法科大学院に進学し、クラスの首席で卒業。以後は、法律事務所で弁護士として働き、通信機器メーカーで法律顧問を務め、1999年にインターネット・ソフトウェアの会社であるDigital Envoyを設立しました。同社は、現在も100人以上の社員規模で成長を続けています。本業はこちらのはずでしたが、一日の大半を睡眠不足になりながらベースボールに費やしています（笑）。

話を少し遡りましょう。私自身は優れた投手になれませんでしたが、結婚後に生まれた息子がベースボールに興味を持ったことを機に、私はすべてを学び直すことにしました。私自身も少年野球のコーチを務めるようになったので、息子や彼のチームメイトに、彼らが「最高のプレイヤーになる方法」を教えたかったのです。

アメリカでは、子どもたちにベースボールを教えるのにライセンスは基本的に必要ありません。これには参加のハードルが低く普及を広めるなど良い面もありますが、悪い面もあります。問題の一つは、誰もが「自分は教えられる」と思ってしまうことです。実際、多くの人が例えば自分が得意だったというだけで、確証のないことを子どもたちに教えて広まってしまっているのです。そういった状況に危機感を覚えたこともあります。

私は人に何かを教える時や何かに携わる時には、徹底的に学びたいと考えています。他の親御さんたちが、私を信頼して子どもたちを預けてくれる以上、私にはそれに応える責任があります。だから私は、弁護士の仕事と同様、すべてをしっかり会得することを自分に課しました。それに、もし誰かに努力することを求めるのなら、自分自身も相応の努力をするべきです。私なりのやり方ですし、簡単なことではありませんが、やればできると信じています。

「ピッチングニンジャ」誕生秘話 〜 日本の文化への敬愛

Pitching Ninja（ピッチングニンジャ）は、私のニックネームです。ＳＮＳのハンドルネームでもあり、今ではすっかり浸透しています。由来は、忍者という名前のとおり、日本と繋がりがあります。私の妻パトリシアはアメリカ人の父と日本人の母を持つ日系二世で、息子ジャックは日本人の血を４分の１引いているクォーターになります。

発端は、私が息子の少年野球チームで私が投手コーチを務めていたときのことです。ある寒い日の練習で、息子が顔にバンダナを巻いてプレーをしていたところ、周囲から「忍者みたいだ」とからかわれたことがありました。日本人の血を引いているからそう言われたのでしょうが、息子はジャックという名前から Cracker Jack（クラッカージャック）というニックネームで呼ばれていたのを気に入っていました。クラッカージャックはスナック菓子のブランド名が由来ですが、スラングで「非常に優れたもの」「素晴らしい人」という意味があります。有名な『Take Me Out to the Ball Game（私を野球に連れてって）』※4という曲の歌詞にも登場するように、ベースボール文化と深い関わりのある言葉でもあります。息子はそのニックネームに馴染んでいたのでしょう。彼は「ニンジャ」とあまり呼ばれたくなかったんですね。そこで、私が「いやいや、私がニンジャだよ」と冗談めかして介入し、「投手コーチだから、ピッチングニンジャだ」と名乗るようにしたら、それが定着したのです。

家族にルーツがあることもあり、私は日本の文化に絶えず魅了されてきました。実は、妻パトリシアの大叔母は、著名な児童文学作家で翻訳家の石井桃子※5なんですよ。日本を知ることができる書籍は愛読書の一つです。例えば、私はスコッチウィスキーが好きなのですが、日本からスコットランドに渡り、ウィスキーの製造技術を学んだ最初の日本人として知られる竹鶴政孝※6の本を読んだときにも、とても感銘を受けました。

ロブ所蔵の竹鶴政孝が書いたウィスキー製造法に関する書物

アメリカで活躍している日本の投手たちを見ていると、日本のウイスキーを製造した職人技に通じるものを感じます。彼ら職人は科学ではなく、直感的に材料を組み合わせてテイスティングをしていました。彼らのような緻密さ、技術や物事に対する敬意が、日本の選手たちに根付いていると感じるのです。ダルビッシュが多彩な球種を編み出す能力や、打者としての大谷翔平がバットを大切に扱う姿勢、日本の選手たちが道具やゲームすべてを尊重する姿勢は、アメリカにいる選手とは異なったメンタリティで、私はそれが大好きなのです。

アメリカでは時に物事が大雑把になりがちですが、日本の文化には「物事を完璧に行う」という精神が根付いています。規律や細部へのこだわりが非常に重視されていると感じられます。こうしたメンタリティは、人に何かを教える時にもとても役に立ちます。私が日々、刺激をもらっていることの一つです。

小さなベースボール掲示板からすべてが始まった
～先駆者たちとの野球談義を経て

私はやると決めたら徹底的に追究するタイプです。子どもたちの投手コーチを始めた時から、数多くの選手やコーチ、ベースボール関係者、ベースボールＩＱの高い人に質問をたくさんしながら、勉強をしていきました。知るほどに世の中には、間違った方法や十把一絡げの画一的な指導をするケースが少なくないことがわかりました。

私は弁護士としてのスキルを駆使して、何が〝本物〟で効果的な方法なのか、あるいは〝宣伝〟にすぎない過剰広告のツールなのか、それぞれが持つ〝思い込み〟や古い理論なのかを見極めながら、知識を積み重ねていきました。そのうちに、ベースボールに造詣が深い人々とオンラインフォームで議論や意見交換をするようになりました。まだSNSが普及する前のことです。

当時、盛んにやり取りを交わしていたのが「Let's Talk Pitching」というメッセージボード（掲示板）です。始まりは2008年か2009年ぐらいだったと思いますが、そこには2008年にドライブラインベースボール（Driveline Baseball）を創設したばかりのカイル・ボディや、2013年に設立されたスレッド・アスレチックス（Thread Athletics）の共同創設者であるベン・ブルースターがいました（菊池雄星の動きを活用したトレーニング『菊池ドリル』の生みの親。第7章にて詳述）。

ドライブラインとスレッド・アスレチックスは、現代ベースボールの先駆者的存在となっている二大ベースボールトレーニング施設です。第5章や第7章でも述べましたが、彼らの設立した施設は、数字やデータを活用し、選手のトレーニングを革命的に変えました。

他にも、このメッセージボードには、アメリカを代表するストレングス&コンディショニング専門家のエリック・クリッシーや野球選手のフィジカル及びメンタルのトレーニングを専門とするコーチのアラン・ジャガーもいました。アランは、クレイトン・カーショウやトレバー・バウワー、バリー・ジトなどの名投手をコーチしたことでも知られています。

私たちはそれぞれ別の理由から集まり、意見交換をしたり、アイデアを出し合ったりしていました。ドライブラインベースボールのカイルはデータサイエンティストの視点から問題を解決するため、スレッド・アスレチックスのベンは、当時は他の投手を教えるつもりはなく、自身が投手として向上するために参加していました。私も、少年野球の投手コーチとして知識を得たいと交流していたに過ぎません。SNSで発信するなど、当時は想像もつかないことでした。

ただ私は幸運なことに、こうした優秀な人たちと同じ時期に疑問点を投げかけ合って、学びを深めることができました。さらには動画を見て研究し、実際に投手がどう動いているかを分析できるようになりました。それらを基にさらに議論を重ねました。当時は、誰も答えを知らないようなことばかりでしたが、だからこそ、多くの学びが得られたと感じています。

学びが深まるのは「答えがわからない」時です。人は「自分は答えを知っている」と思ってしまうと、耳を塞いで他の意見を受け入れなくなります。私は常に柔軟な考え方や視点を持ち、新しいアイデアや意見、異なる価値観に対して受け入れたいと学んできました。だから、もし私が何か間違ったことを言って、誰かがそれを正してくれたとしても、それは私にとって素晴らしいことです。時には自分が愚かに見えるかもしれませんが、むしろ学べたことに感謝します。同じ間違いを二度と繰り返さないからです。

そうやって私たちはベースボールの知識を深めると、その後は別々の道を歩んで、ベースボール界に貢献するようになりました。私はツイッター（現X）やインスタグラムなどのSNSが広まってからは、このスポーツの発展のために学んだことをソーシャルメディア上で共有し始めました。すると、コーチや選手たちが私のシェアする情報を気に入ってくれるようになり、フォロワーがどんどん増えていったのです。同時に、ピッチングニンジャとして活動の幅も飛躍的に広がっていきました。

私たちはそれぞれ成功を収めていきました。カイルはドライブラインベースボールの発展に寄与しながらも、シンシナティ・レッズの育成部門で投手ディレクターを経て、ボストン・レッドソックスの特別アドバイザーを務めています。エリックは、自身が設立した「Cressey Sports Performance（CSP）」の代表を務めながら、２０２０年にニューヨーク・ヤンキースと契約し、球団のDirector of Player Health and Performance（選手健康・パフォーマンス部門ディレクター）に就任し、選手の健康管理やリハビリの戦略を統括したり、パフォーマンス向上をサポートしたりしています。エリックのＣＳＰで投手トレーニングを担当するマット・ブレイクは、２０１５年にクリーブランド・インディアンス（現クリーブランド・ガーディアンズ）の投手部門で投手育成に貢献し、２０１９年からはニューヨーク・ヤンキースの投手コーチに就任しています。マットは、高いレベルで野球をプレーしたことはありません。高校で少しプレーしただけですが、メジャーリーグでのキャリアを歩んでいます。

アメリカの野球界では、選手としての経験がなくとも、元メジャーリーガーでなくとも、非常に優秀な人材がいることに気づき始めたのです。それまでは「プレー経験のない者は教えられない」という固定観念が根強くありましたが、今ではそういった考え方は少なくなりました。

それでも私たちは本当に運が良かったのだと思います。同じ時期に出会い、互いに学び合い、共に成功することができました。すべては一つのメッセージボードのおかげです。当初はツイッターもなく、誰も情報を共有していなかったのです。

ツイッターでのアカウント凍結騒動～ピッチングニンジャ解放運動

情報を共有することは、ベースボールの普及と発展に寄与します。私がSNSでの発信を始めた理由は、永遠に投手コーチはできないので、自分が得た知識を次世代に伝えたいと考えたからです。ツイッターでは、動画からピッチングを詳細に解析したＧＩＦや短いクリップとともに、知識や見解をカジュアルに投稿していました。ベースボールファンや選手、コーチなどが喜んでくれていました。

ところが２０１８年4月、『Barstool Sports』というメディアがＭＬＢやツイッターに連絡して、動画使用がＭＬＢの著作権規則に違反しているとして、私のツイッターのアカウントを停止させるよう働きかけました。抗議を受けて、私のアカウントは凍結されてしまいました。しかし、すぐさま大勢の人が「ピッチングニンジャの活動は野球界を良くしている。凍結するな」と声を上げて、「#FreePitchingNinja（ピッチングニンジャのアカウントを解放しろ）運動」が起きました。メジャーリーグの投手らも声を上げてくれました。

騒動にはなりましたが、ほどなくＭＬＢが「あなたの投稿をとても気に入っているので、公式に連携したい」と連絡をくれて、ツイッターも凍結を解除しました。もし彼らが私のアカウントを永久に凍結していたり、ＭＬＢが投稿をやめるよう言ってきたりしていたら、ビジネスも非常に順調でしたから、私はベースボールから手を引いて、自分のインターネット・ソフトウェア企業に専念していたと思います。

ともあれ、ＭＬＢは私を「独立契約者」つまりＭＬＢ公認アナリストに任命しました。ツイッターに通報をした同メディアは、時に物議を醸すような内容を発信することでも知られているのですが、結果的に反省して謝罪してくれました。

プラットフォーム提供でアマチュア選手の機会創出
～息子ジャックの成長

振り返れば、すべてはタイミングと出会った人に恵まれたのだと思います。アメリカの野球界がソーシャルメディアに対する見方を柔軟にし始めた時期だったことも幸いしました。それまでは、試合の映像をＳＮＳで共有することは一切認められていませんでしたが、「このような投稿は、ファンに有意義なことを教え、選手が学べるようにするためである」という私の見解も難なく認められました。

日本の野球界は、まだ厳しく取り締まっていると感じます。私はプロ野球のコンテンツシェアについて契約をしていますが、それでも限定的なハイライトが使用できるのみです。日本の野球界は、コンテンツをシェアすることが野球の普及に繋がるということに気づいていないのかもしれません。私は試合全体をシェアしているわけではなく、わずか1、2球だけを取り上げています。でもその1球がファンに「試合を見たい」と思わせることがあるのです。言うなれば、無料の広告みたいなものですが、認められていません。

私はベースボールを通じて学んだことを還元して、いつも野球界をより良くしたいと考えています。ベースボールは素晴らしく、今も毎日新しい気づきが得られるので飽きることはありません。こうした私の考えに共感して応援してくれる人も多く、ピッチングニンジャのロゴもスポーツ関連のアパレルメーカーであるRotoWearが連絡してくれて、デザインしてくれました。

彼らとは「Baseball is the Best」とデザインしたTシャツを販売し、ＡＬＳ（筋萎縮性側索硬化症）研究の資金を集めるために20万ドル（約３１００万円）を集めることができました。ＡＬＳは、ルー・ゲーリッグというＭＬＢの伝説的選手が闘った病として知られています。このチャリティ企画は彼らに「ベースボールを通じて何か良いことをしよう」と提案して実現したことですが、私にとっても本当に素晴らしい経験になりました。

また、私は2019年からは、FlatGround（フラット・グラウンド）というプラットフォームを設立して、運営しています。多くの若者が経済的理由でベースボールを諦めたり、プレーをする機会に恵まれていないことを知ったからです。名前の由来も文字通りで、すべてのプレイヤーがフラットなグラウンドという、平等なスタート地点に立つべきという信念から名付けました。

FlatGroundでは、国内外の学生やアマチュアの投手が、高額なコストをかけてトライアウトやショーケースに出場しなくても、無料で自身のピッチング動画を投稿して、コーチやスカウトの目に留まる機会を提供しています。野球は裕福な家の子どもたちだけのスポーツであってはならない、すべての選手が能力を証明し、スカウトや実力校への進学の機会を得たり、技術が向上できたりするようにとの思いで立ち上げました。ちなみに、FlatGroundのロゴは息子ジャックがモデルなんですよ。

息子ジャックは最終的に、学んだ理論や教えを実践して、時速95マイル（約153キロ）の速球を投げる投手となりました。大学も、ベースボールの特待生として奨学金を得て、ジョージア工科大学（全米でも有数の野球プログラムを誇る名門校）に進学しました。残念ながら、怪我で選手としての道は断念しましたが、今はデトロイトでコンサルタントとして元気に働いています。彼は、今の仕事にもそれまでの経験が活きていると話しています。特にチームの一員として、規律を守りながら献身することの大切さを学んだことは一生の礎となったようです。

今、MLBには息子と繋がりのある選手がたくさんいます。ボビー・ウィット・ジュニア（カンザスシティ・ロイヤルズ所属の遊撃手）は、アマチュア時代に息子と対戦したことがありますし、2024年9月12日にメジャーデビューを果たしたクマー・ロッカー（テキサス・レンジャーズ所属の投手）と投げ合ったこともあります。他にも、ブラント・ハーター（デトロイト・タイガース所属の投手）など、今メジャーリーグで活躍している選手たちと一緒にプレーをしていました。だから、彼らが活躍している姿を見るのは本当に嬉しく思います。

本当は試合に駆けつけて、彼らの応援に行きたいぐらいなんですが、なかなかタイミングが難しいのが現状です。今の私は30球団すべての試合をカバーしなければなりませんから。もし特定の試合を観に行ってしまうと、フォロワーの皆さんから「他の試合を見逃したじゃないか」と言われてしまうんです。でも試合に行くのは好きです。レギュラーシーズンは他の試合が重なってしまうので、行けるのはオールスターゲームやワールドシリーズになってしまいますが、どの球場に行っても色々な人が私を見つけて「あなたはピッチングニンジャですか？」と話しかけてくれるんです。自分の活動が誰かの役に立っていることを実感できて、本当に嬉しく思います。

毎日、少しだけでも昨日より良い自分に

「Make yourself a little bit better at something every day（毎日、少しだけでも何

かにおいて、昨日より良い自分になろう）」

これは私の哲学です。毎日少しずつ何かに取り組んでいけば、それは積み上がっていき、やがて大きな成果へと繋がる。毎日の変化は気づきにくいかもしれませんが、積み重ねていくことで最終的に何かに秀でることができると思うのです。

本書で紹介させていただいた日本の投手たちも、日々「これをやる」と決めた規律を実践していて、私はとても尊敬しています。アメリカにも優れた選手はたくさんいますが、その場の楽しさを求めて、長期的な目標に邁進していない人は少なくありません。私も日本人の規律に厳しい姿勢に刺激を受けながら、自分の哲学に従っています。

息子にも「毎日を楽しむことも大事だけれど、同時に何かを少しずつ上達させる時間を作ろう」と教えてきました。それは勉強でもベースボールでも、何でも構わないのです。もし、選手になりたいのであれば、誰しも可能性はあります。唯一、自分を他の人と差別化できるのは献身です。毎日少しずつ学び、成長し、自分自身で取り組むこと。それが唯一の道と思うのです。

だから私も毎日何かを学ぶようにしています。ベースボールは奥深いので、今も毎日何かを学ぶことができています。いつも何かに気づく度に、ＳＮＳで投稿しています。ＳＮＳでの投稿もこの哲学に基づいています。「今日も何か新しいことを学びたい」「今日知ったことを共有したい」そんな思いで続けています。そうすることで、今の私があると思っています。

私はベースボールのすべてが大好きです。ゲームを構成するすべての部分が好きですし、それは日によって異なります。見たことのない投球を見ることも、選手の意外な一面が垣間見られる瞬間も、何が彼らを突き動かしているのかを推測することも、すべてが楽しいのです。

私の情熱は、人々がベースボールをより理解できるようにし、選手やコーチが改善に役立つ最高の情報にアクセスできるようにすることで、野球の発展を支援することにあります。これからもファンが試合をもっと楽しめるよう、そして選手が投球メカニクスや球種を向上させるためのヒントが得られるよう、日々情報をわかりやすく共有していきたいと思います。

※1　ミラクル・メッツ
　1969年に創設8年目で初めてワールドシリーズを制覇したニューヨーク・メッツの異名。それまで万年最下位クラスの弱小チームと揶揄されてきたが、大躍進を遂げて地区優勝を果たし、プレーオフを勝ち抜いてワールドシリーズを制したため、「奇跡的な逆転劇」「常識破りの大番狂わせ」としてこの異名が定着した。同年、トム・シーバーは25勝を挙げ、チームの勝利の4分の1を支えた

※2　トム・シーバー（1944年－2020年）
　MLB史に名を刻む伝説的な右腕。1967年にニューヨーク・メッツでデビューし、〝トム・テリフィック〟の愛称で親しまれた。20年の現役生活で通算311勝、3640奪三振という圧倒的な数字を残し、サイ・ヤング賞を3度受賞。特に1969年のメッツ初のワールドシリーズ制覇に貢献し、球団のシンボル的存在となった。1992年に、当時史上最多の得票率98・84パーセントでアメリカ野球殿堂入り。引退後はニューヨークなどで解説者として活躍するも、2019年に認知症を発症したため隠遁。2020年8月に認知症と新型コロナウイルス感染に伴う合併症により75歳で逝去した

※3　日米野球のホームラン競争
　後楽園球場で実施されたハンク・アーロン（アトランタ・ブレーブス）王貞治（読売ジャイアンツ）の対戦。それぞれ5回ずつ打席に立ち、合計20回の打席で何本のホームランを打つかを競う形式で行われ、10対9でアーロンが勝利した。これを日本メディアは「世紀の本塁打競争」と報じ、27・8パーセントという高視聴率を叩き出した

※4　『Take Me Out to the Ball Game（私を野球に連れてって）』
曲の冒頭の歌詞「Buy me some peanuts and Cracker Jack, I don't care if I never get back.（ピーナッツとクラッカージャックを買ってね。帰れなくなっても気にしないから）」のこと。野球観戦に夢中になる楽しさを表現している。Cracker Jackは糖蜜でコーティングしたマッシュルーム型ポップコーンに少量の塩味付ピーナッツが混ぜてあるスナック菓子。120年以上の歴史を持つアメリカ文化を象徴するお菓子の一つ

※5　石井桃子（1907年－2008年）
日本を代表する児童文学作家・翻訳家。1951年に『ノンちゃん雲に乗る』で文部大臣賞受賞。主な翻訳作品にアラン・ミルンの『クマのプーさん』やビアトリクス・ポターの『ピーターラビットのおはなし』など、子どもたちに良い文学を届けることを生涯の使命とし、児童文学の発展に寄与した

※6　竹鶴政孝（1894年－1979年）
日本のウィスキー製造の先駆者であり、「日本のウィスキーの父」と称される。1918年にスコットランドに留学し、現地の蒸留所でウィスキーの製造方法を学んで技術を習得。帰国後は日本のウィスキー製造に尽力し、寿屋（現在のサントリー）で山崎蒸溜所設立の参画を経て、ニッカウヰスキーを創業する。日本のウィスキー産業の礎を築いた功績で知られ、2014年のNHK連続テレビ小説『マッサン』でその生涯が描かれた

特別付録

私が「ピッチングニンジャ賞」を贈った日本人投手たち

シーズンの振り返りと楽しみのために

私はオフシーズンになると「PitchingNinja Awards（ピッチングニンジャ賞）」と題して、特に印象的だった投手のパフォーマンスをハイライトするため、まとめた動画をX（旧ツイッター）で投稿しています。ピッチングの芸術性などに焦点を当てた真面目な賞もありますが、多くは思わず笑ってしまうようなユニークな場面を取り上げています。選手やファンが楽しめるようにと思い、2017年から始めました。

シーズンを振り返るのにも役立つうえ、私も楽しいので動画編集には時間を掛けています。その場面を見ていない人たちにも、驚きや面白さが感じられる内容になるよう工夫を凝らしています。人気選手だけでなく、シーズン中にあまり注目されなかった投手たちにもスポットライトを当てたいという狙いもあります。

この賞は、ただみんなが楽しめるようにと投稿をしてきたコンテンツなのですが、今ではオフシーズンの象徴的なイベントとして認識されるようになりました。MLBネットワーク始め、様々なメディアも注目して報じてくれるようになりましたし、選ばれた投手たちも受賞を誇らしく思ってくれていて、トロフィーか何かしら形になるものが欲しいとの声も聞かれるようになったので、そうした物理的な証明となるものを制作することも検討しています。

それでは、MLBで活躍してきた日本人投手に授与した賞をご紹介します。お気に入りを厳選しました。コンテンツへのリンクは、QRコードからアクセスできるようにしています。楽しんでいただけたら幸いです。

・ダルビッシュ有

ダルビッシュ有は、これまで数々のピッチングニンジャ賞を受賞しています。2021年にインタビューをしたとき、ダルビッシュに「オールスターゲームに選出されることとピッチングニンジャ賞を受賞すること、どちらが名誉に思いますか?」と冗談めかして尋ねたら、「ピッチングニンジャ賞」と彼は答えてくれました。そのとき、彼にとって最もお気に入りの賞を聞いたところ、2020年の「最も打者を惑わせた投球賞(PitchingNinja Award for Most Deceptive Pitch)」を選びました。この賞は、ダルビッシュが投球の際、グラブがすっぽ抜けたにもかかわらず見事なスプリッターを投じた場面に与えたものでしたが、この時に投じたスプリッターを彼は「この年に投げた中で一番良いスプリッターだった」と嬉しそうに明かしてくれました。

ちなみに、私のお気に入りは2019年の「最も致命的な投球賞(PitchingNinja Award for Deadliest Pitch)」です。ダルビッシュが投じた99マイル(約159キロ)の速球が打者、球審、捕手に当たって、一瞬にして3人が倒れ込んでしまった場面です。彼は「同時に3人に痛い思いをさせてしまって心苦しい」と、あまり気に入っていないようですが、あんなのは見たことがないし、驚くべき衝撃のシーンだったので選びました。

コロナ禍の2020年には「新型コロナ下の最高な髪型賞(PitchingNinja Award for Best Covid Hair)」を受賞しました。凄くワイルドでミュージシャンみたいに似合っていました。２０２２年の「アヒルのモノマネ最高賞（PitchingNinja Award for Best Imitation of Ducks)」も好きです。パドレスの投手陣が、まるでアヒルの子どもたちみたいに彼の後ろについて行って真似をしていた場面です。

彼はピッチングの達人です。しかも、人間ができていて他の投手たちに何でも教えるという姿勢なので、師のように慕う投手が後を絶ちません。そのことを象徴しているかのようで、とてもいい場面だと思うのです。

最も打者を惑わせた投球賞

(PitchingNinja Award for Most Deceptive Pitch)

https://x.com/PitchingNinja/status/1327239278120869889

最も致命的な投球賞
(PitchingNinja Award for Deadliest Pitch)
https://x.com/PitchingNinja/status/1191685414568026114

新型コロナ下の最高な髪型賞
(PitchingNinja Award for Best Covid Hair)
https://x.com/PitchingNinja/status/1334482605371256835

アヒルのモノマネ最高賞
(PitchingNinja Award for Best Imitation of Ducks)
https://x.com/PitchingNinja/status/1721145962473636171

・大谷翔平

大谷翔平もピッチングニンジャ賞の受賞歴が豊富です。お気に入りは、2022年の「ベースボールの顔賞（PitchingNinja Face of Baseball Award）」ですね。大谷は本当にいろいろな顔を見せてくれるので、動画も4分近くの大作になりました。

大谷ほど表情が豊かな選手はいません。彼を見れば、今どう感じているか、何が起きているのかすぐにわかりますよね。物事がうまくいっている時も、そうでないときも、真剣な時の眼差し、おどけた顔つきまで、本当に様々で見る者を惹きつけるのです。彼は最高の選手かつ素晴らしい人間性で、選手としても人としても非の打ちどころがないスターですが、このように多様な表情を見せてくれるところも、誰もが彼のファンになる理由なのだと思います。

第6章でも述べましたが、リトルリーグの子どもが「好きなスーパーヒーロー」に「大谷翔平」と答えたことも「2023年のお気に入りのスーパーヒーロー賞（PitchingNinja Award for Favorite Superhero）」として選出しました。また同年は、「2023年年間最優秀投球賞（PitchingNinja Award: Pitch of the Year）」に、

ＷＢＣ決勝でマイク・トラウト（ロサンゼルス・エンジェルス）を空振り三振に仕留めた場面を選びました。これは対照的な場面ですが、同じＷＢＣからは、大谷を三振に仕留めたチェコ代表のオンジェイ・サトリアにも授与しました。旧約聖書の少年ダビデが巨人ゴリアテを倒す物語にちなんで、「ダビデ対ゴリアテ賞(PitchingNinja David vs. Goliath Award)」としました。本職が電気技師というサトリエが、大谷から三振を奪うなんて誰も予想しなかったことですから！

ちなみに、２０２４年は彼の愛犬デコピンが「最優秀始球式賞（PitchingNinja Award for the Most Outstanding First Pitch)」に輝いています。

ベースボールの顔賞
(PitchingNinja Face of Baseball Award)

https://x.com/PitchingNinja/status/1595750635994894336

お気に入りのスーパーヒーロー賞
(PitchingNinja Award for Favorite Superhero)
https://x.com/PitchingNinja/status/1730205606038958150

2023年年間最優秀投球賞
(PitchingNinja Award: Pitch of the Year)
https://x.com/PitchingNinja/status/1720416608139493458

ダビデ対ゴリアテ賞
(PitchingNinja David vs. Goliath Award)
https://x.com/PitchingNinja/status/1725140367605981461

最優秀始球式賞
(PitchingNinja Award for the Most Outstanding First Pitch)
https://x.com/PitchingNinja/status/1853045051242295413

・今永昇太、千賀滉大、鈴木誠也、松井裕樹、藤浪晋太郎

今永昇太は、メジャー移籍1年目にして大活躍しただけでなく、とてもユーモラスで表情が豊かだったことから、あっという間にシカゴのファンを虜にしました。２０２４年の「最も表情豊かな投手賞(PitchingNinja "Most Expressive Pitcher" Award)」に選出した理由です。彼は本当にユニークな投手で、自信に満ちていていながらも愛嬌があります。その魅力が伝わるよう動画を編集しました。

千賀滉大にも、２０２４年の「チームが決定的な満塁弾を放った時の最高のリアクション賞(PitchingNinja Award for Best Reaction after your team hits a huge Grand Slam)」を授与しました。あまりの驚きで彼なのかわからないくらいの相好で、本当に面白いですよね。彼の個性をすごく表しているだけでなく、球場がどれほど盛り上がったかが伝わる瞬間です。あまりの盛り上がりに圧倒されて、ちょっと面白いことをしようとしていた感じですね。

選手がユーモラスな表情を見せると、ファンは親近感を覚えて支持してくれるようになります。日本人は表情をあまり出さない人が多いようですが、今永のようにメジャーに来てすぐに出してほしいと思います。

同じチームの鈴木誠也もユーモラスで面白い演技を見せてくれたので、２０２３年に「最優秀主演男優賞（PitchingNinja Award for Best Actor）」に選びました。

また、松井裕樹の第２章でも触れましたが、最近はドジャースとパドレスがライバル関係にあります。メジャーでは死球を巡って、乱闘騒ぎが起きることがありますが、今年のこの場面はドジャースの大谷とパドレスの松井の人柄の良さをよく表していました。これが２０２４年の「最も友好的な乱闘騒ぎ賞(PitchingNinja Award for Friendliest Bench Clearing Incident)」となりました。そもそも大谷がケンカするところなんて想像できないですよね。大谷も出ていきながら『そろそろ出てくるんでしょ？』って雰囲気で松井にウインクしたりして、松井もそそくさと挨拶に行くかのようにブルペンから出てきました。両チームとも最初こそ強気なポーズは見せていましたが、大谷が柔らかい表情をのぞかせたとおりに『ケンカなんてしないよ』と終わったのも良かったですね。

最後は、藤浪晋太郎の第9章でお伝えした彼とアドリー・ラッチマンとのやり取りです。藤浪が最後の一球はボールだったんじゃないかと気にしていたのを、ラッチマンはすぐに「そんなことはないよ。素晴らしかったよ」と肯定していた場面です。2023年の「前向きなサポート賞（PitchingNinja "Positive Affirmation" Award)」として選出しました。私は、ポジティブなフィードバックを伝えることはとても重要だと考えます。これからも、選手たちの良い面を伝えていきたいと思います。

２０２４年の最も表情豊かな投手賞
(PitchingNinja "Most Expressive Pitcher" Award)
https://x.com/PitchingNinja/status/1854857323262390607

チームが決定的な満塁弾を放った時の最高のリアクション賞
(PitchingNinja Award for Best Reaction after your team hits a huge Grand Slam)
https://x.com/PitchingNinja/status/1858850046407557624

最優秀主演男優賞
(PitchingNinja Award for Best Actor)
https://x.com/PitchingNinja/status/1724769731654123575

最も友好的な乱闘騒ぎ賞
(PitchingNinja Award for Friendliest Bench Clearing Incident)
https://x.com/PitchingNinja/status/1858487029949993278

前向きなサポート賞（アドリー・リッチマン 助演：藤浪晋太郎）
(PitchingNinja "Positive Affirmation" Award)
https://x.com/PitchingNinja/status/1726577090680770703

おわりに　ベースボールの未来

データ駆動型のトレーニングがもたらしたものと今後の発展

ＭＬＢの魅力は、世界中からトップレベルの選手が集まっていることだと思います。ドミニカ共和国、カナダ、アメリカ、日本、韓国など、様々な文化を持つ国から最高の選手が集結しています。世界で最も資金が潤沢で、報酬が高いリーグということもありますが、自国でトップレベルの選手たちが世界最高峰の選手たちと競い合いたいと願ってやって来るのは自然なことでしょう。ただ、昨今の試合は「力勝負」がメインになっています。体格の大きな打者たちは、より遠くに打球を飛ばすことを、投手たちはより速い球を投げることを目指しています。

最近はデータ駆動型のトレーニングが発達したことで、多くの投手がより速い球を身につけやすくなりました。その結果、誰もが速い球を投げたがるようになっています。なぜなら、速い球は有効だからです。より速い球が投げられれば、打者は反応する時間が短くなり、ゴロを打つ確率も高まります。ゴロを打つリスクを減らすためにも上向きのスイングを狙う「フライボール革命」が加速したのです。その影響を受け、打者の打率は低下し、ホームランや三振がよく見られるようになっています。

さらには、こういった力勝負がゆえに、怪我をする投手が増えたという指摘もあります。この因果関係については、誰も明確な答えを提示できないと思われますが、私は多くの投手たちがオフシーズンに休まなくなったことは、考え得る原因の一つに思います。

以前まで投手たちは、オフシーズンになると、しっかり休みを取ってボールに触ることすらしませんでした。ところが今の投手は、オフにも投球の改善を目指し、ドライブラインベースボールのような施設に通うなどトレーニングに励んでいます。もちろん、それらの施設を非難はできません。施設の人々は投手たちがより速い球が投げられるようサポートしているだけですから。しかし、結果として投手たちが以前まで取っていた休みはなくなっています。

シーズン中、投手の筋肉や靭帯は少しずつダメージを受け、微細な損傷が蓄積されていますが、十分な休みを取ることでダメージはいくらか修復されます。しかし、オフシーズン中に修復されなければ、それが原因で怪我に繋がる可能性があります。

投手たちの気持ちもわかりますし、間違っていると断定もできません。ただ、オフシーズンの投球練習が増えることで、怪我が増えているという相関関係を見ると、否定できないと懸念されるのです。

データ解析技術が進化を遂げたことで、投手について言えば、もう今以上にやれることはそれほど多くないように思います。投手には、すでに考え得る限りのアドバンテージが与えられてきました。ありとあらゆるデータを始め、それらを活用したトレーニングに加えて、最近ではシームシフテッド・ウェイクのようなボールの物理現象の新発見までありました。おかげで、ピッチングはこれまでになく進化しています。

一方の打者は、これに追いつく必要があります。もちろん、打者のトレーニングも今がこれまでで最も充実していると思います。打者もデータ解析技術の恩恵を受けて、より効率的に打撃フォームやスイング軌道を学ぶことが可能になっています。さらに、試合前に対戦相手のピッチャーとの対戦をシミュレーションできる環境も発展しています。AR（拡張現実）の導入も展開され、ゴーグルやメガネを装着して、VR（仮想現実）で練習ができる。これらの技術の進歩が、これから大きな影響を与えていくと思うのです。

「昔は良かった」？　スポーツ界に押し寄せるデータ革命

膨大なデータが活用されるようになったことで、今のベースボールを「データ偏重型になっている」と憂える声があります。確かに、データに傾倒する選手もいれば、チームの方針が一面的で、数字でしか判断しない監督も存在します。しかし一方で、昔ながらのベースボールのやり方に重きを置く選手もいなくなってはいません。すべてがデータや数字で決まっていると考えるのは極論に思います。

例えば、佐々木朗希の第11章でも触れた新人王のポール・スキーンズは、スカウティングレポート※1だけに頼ることはしません。彼は、その日の自身の感覚、相手打者の様子やスイングの反応を重視しています。

マックス・シャーザー、ジャスティン・バーランダー、ゲリット・コールといった名投手らも、スカウティングレポートを活用こそしますが、瞬間の勝負に没頭し、今もエースとして試合の深い所まで投げたがる昔気質の投手です。そして、彼らのような投手はとても魅力的で人気があります。

むしろ、データだけに集中している選手はあまり魅力的ではないと思います。私がデータだけに焦点を当てない理由でもあります。ファンも数学にはすぐに飽きてしまうのです。人々は数学を応援しません。一人ひとりの選手を、チームを応援しているのです。

議論されているように、データを重視するあまり試合が昔よりつまらなくなったという意見も理解できます。その影響から投手は高速のボールを目指し、打者はホームランを狙うように、勝利への〝効率〟から試合が全体に大味になっていることも事実だからです。ただそれはベースボールに限ったことではありません。例えば、ＮＢＡでも統計的な分析から、スリーポイントシュートとダンクシュートが重視されるようになりました。その結果、中距離シュートはあまり見られなくなりました。得点効率が低いとみなされるようになったからです。ベースボール同様に、試合の面白さがなくなったとも言われています。誰もがスリーポイントを狙うか、ダンクシュートを決めたがるようになったからです。試合に勝つためには仕方がない流れですが、ゲームとしては大味になってしまいました。

だからと言って、今の潮流すべてを否定することもできません。なぜなら、私たちはいつも『昔は良かった』と言うものだからです。

「昔の野球はもっと良かった」「インターネットがない時代は、人同士がもっと会話をしていた」「もっと誰もが本を読んでいた」「音楽だって子どもの頃のほうが良かった」……言い出せばキリがありません。昔気質の人たちが、昔は良かったと言う気持ちもわかりますが、後ろ向きすぎるのも憂えることに思うのです。

今は分岐点？　イチローの凄さとコンタクトヒッターの再評価

私はこれからのベースボールがどうなるかを考えると、今が分岐点にあると思います。

先発投手は、チームへの貢献度や試合への影響からもっと多くのイニング数を投げるようになるかもしれません。もしくは、逆に2025シーズンのドジャースのように投手を守るため、6人制ローテーションを敷いて、長く投げさせながらも、登板間隔を空けるという流れになるかもしれません。予測の一つです。

打者に関しては、コンタクトヒッターの価値が高まる可能性があると見ています。今は統計的な分析によって投手を攻略しづらく、打者はシングルヒットを連続して打つことが難しくなっています。高速のボールが多くなったため、打者はできるだけボールを持ち上げて、長打を狙うスイングをしています。

しかしながら、私はこれまで多くの一流投手と話してきましたが、彼らが口を揃えて言うのは「最も対戦相手として難しいのは本塁打を狙わない打者だ」ということです。本塁打を狙う打者は、むしろ攻略しやすいと言うのです。彼らは大振りをするので、三振をすることも多いのです。たとえ1本被弾したとしても、その球が良くなかったことが原因であることが多いので、その次はまたアプローチを変えて、奪三振を狙えば良いと切り替えられます。ところが、コンタクトヒッターは、投手の自信のある球をも次々とうまくカットします。ファウルで粘って、何かを狙って相手投手を負かそう、球数を消費させようします。そうした考えに翻弄され、投手たちは「消耗させられる！」とこぼすのです。

つまり、イチローのような選手が、最も手強い打者なのです。にもかかわらず、現代の野球では彼のようなプレーがどれだけ優れた打者であるかを評価する指標がありません。彼が相手投手にどれほどプレッシャーを与えたか、早く降板させたか、相手チームにどれほど勝負を難しくさせたかを測ることができないのです。今の指標で評価されるのは、WAR（勝利貢献度）※2や得点をどれほど生み出したかといった、主に本塁打や長打に関連する数値です。これらの指標ではイチローは高く評価されません。

しかし、野球界の誰もがイチローはチームにとって極めて存在価値の大きな選手だと認めるはずです。２０２５年にイチローが殿堂入りしたこと、そのことに対する野球界の反応を見ても明らかです。イチローは、ベースボールの美しさを思い出させてくれました。アメリカのベースボールファンは、今もイチローを絶対的に特別な存在として尊敬しています。

現代のＭＬＢの最大の問題点は、測定できるものだけが評価されるということです。球速、球の回転率、変化量などです。イチローのようなコンタクトヒッターの凄さが数値化できるようになれば、彼のような打者をラインナップに据える重要性も増すでしょう。この点については、タナー・バイビー（クリーブランド・ガーディアンスのエース）とも多く話しましたが、私はイチローのような選手が再評価される時代が来るのではないかと考えています。

特に新しいルールが導入され、盗塁がしやすくなっているため（２０２３年からピッチクロック導入と投手による牽制回数の制限、ベースの拡大という大きなルール変更がなされた）、ヒットで出塁できれば、すぐに二塁に到達しやすくなっています。もし、今のルール下にイチローがいたら、年間１１０盗塁以上していたかもしれません。
アメリカのファンは、ホームランや豪速球による勝負を好む傾向がありますが、私はそれだけでは限界があると考えます。やはりホームランや三振ばかりでは飽きてしまうでしょう。ランナーを二塁に進めたり、ゲーム戦略を考えたりして、もっと楽しみたくなるのです。だから、ルールもその方向に（盗塁しやすいように）変わってきているのだと思います。

１９８０年代や１９９０年代のように、再びホームランとコンタクトヒッターの両方が評価されるようになるのではないでしょうか。イチローの他、トニー・グウィン※3 のような「安打製造機」やバリー・ボンズ※4 のようなスラッガーの両方を評価する時代です。ちなみにボンズはコンタクトヒッターでもあります。

ＮＢＡでも、レブロン・ジェームズ（ロサンゼルス・レイカーズ）のダンクシュートやステフィン・カリー（ゴールデンステート・ウォリアーズ）のスリーポイントシュートには誰もが魅了されますが、それ以外のパフォーマンスも多く見られるような「バランスの良い」試合をファンは望んでいます。やはり、そればかりでは飽きてしまうのです。言うなれば、毎日チョコレートを食べるようなものでは飽きてしまうのです。

しょう。チョコレートがいくら好きでも、毎食そればかり食べられません。現代のベースボールも、ちょっとチョコレートが多すぎるのだと思うのです。これからは、もう少し「バランスの良い」試合になるような流れが来ると予想するのです。

今後、ＭＬＢではルール変更や技術の進化によって、打者のアプローチや速球への対応も進んでいくでしょうし、そうした打者の進化に伴い、投手は個性的なメカニクスや独自性の高い球種がより求められるようになるでしょう。打者ならイチローのような駆け引きに優れたコンタクトヒッターが再評価され、投手ならダルビッシュのような投球術に秀でた投手、そして佐々木朗希のジャイロスプリッターのような唯一無二の球種に、より価値が置かれる時代が来ると思うのです。

※1　スカウティングレポート（scouting report）
選手の能力や特徴を分析・評価した報告書で、スタットキャスト（Statcast）やトラックマン（Trackman）といったテクノロジーから得られる高度なパフォーマンスデータを含む「データブック」としての役割も担う

※2　WAR（Wins Above Replacement）
選手の総合的な貢献度を測るための指標。メジャー最低レベルの選手と比べて、どれだけチームの勝利に貢献したかを示し、打撃、守備、走塁、投手能力を総合的に評価する。近年は、MVPやサイ・ヤング賞、契約評価の基準としても重視される

※3　トニー・グウィン（1960年5月9日－2014年6月16日）
MLB史上最高のコンタクトヒッターの一人と名高い。1982年から2001年までサンディエゴ・パドレス一筋でプレーし、Mr・Padre（ミスターパドレ）と称された。通算打率・338、通算3141安打、ナショナル・リーグ最多タイ8度の首位打者を獲得。引退後は2007年に野球殿堂入りした。グインの背番号『19』はパドレスで永久欠番となっている。54歳で病没

※4　バリー・ボンズ（MLB在籍1985年－2007年）
1986年にピッツバーグ・パイレーツでデビューし、その後サンフランシスコ・ジャイアンツで活躍。MLB史上最高のパワーヒッターの一人で、MLB歴代1位の通算762本塁打、MLBシーズン最多73本塁打（2001年）を記録した。しかし、2003年に発覚した史上最大のドーピングスキャンダルでステロイド（筋肉増強剤）の使用が発覚。野球殿堂入りすることなく資格失効を迎えた

あとがき
日本の投球術——受け継がれる職人技

日本の投手たちが世界の野球に与えてきた奥深い影響を目の当たりにすることは、私がピッチングを学ぶ最大の喜びの一つです。卓越した頭脳派投手であるダルビッシュ有の独創的なピッチデザイン※1から、大谷翔平の驚異的なパフォーマンスに至るまで、今日の日本人投手たちは、球史に残る野茂英雄のような先駆者たちの襷を繋いで、伝統、規律、創造性に、持ち前の能力を融合しながら、他国にはない驚くべき投球へのアプローチを世に知らしめてきました。

日本人投手が際立って優れているのは、単に打者を凌ぐ力があるだけではなく、その熟達した投球術に裏打ちされています。西洋の投球哲学が往々にして、純粋に球速を重視するのに対して、日本人投手は長きに渡って、独特な投球メカニクス、ボールの変化、打者を欺く術《すべ》、そして精密さを重視してきました。

スプリッターは事実上、日本の「国球」となり、日本人投手たちはＭＬＢの打者を悩ませるほど無数のバリエーションを生み出しています。他にも、シュートやジャイロスライダーといった日本発の球種は、数十年もの間、打者を困惑させ、さらなる予測不可能な要素を加えてきました。大谷のスウィーパーが打者のスイング軌道から消える様子や、ダルビッシュがこれまで誰も見たことのない球種を巧みに織り込む様子を見るのは、まるで熟練職人がマウンド上で非凡なアートを創るのを目撃しているかのようです。

日本の野球文化は、生まれ持った才能を磨くだけでなく、野球への深い敬意を育みます。その献身性は、日本の投手たちがトレーニングや準備に取り組む姿勢にも表れています。彼らは、果てしない反復練習と思索に改良を重ね、自分だけの投球スタイルを確立しています。日本では、投球術は戦略的な駆け引きであり、成功のカギは単に速く投げるのではなく、打者を知恵と忍耐で上回り、バランスを崩すことにあります。まるでバレエの優雅さや精密さのように、その投球術はすべての動きに意図があり、すべての連携が丹念に作られます。こうした精巧を極めるこだわりによって、日本人投手はNPBからワールド・ベースボール・クラシック、そしてMLBに至るまで、あらゆる舞台で成功してきたのでしょう。

今日、日本人投手は野球界で最高のロールモデルとなり、「マウンド上での支配力」を再定義しつつあります。今、MLBで最も強力なロサンゼルス・ドジャースの圧巻のローテーションを率いるのは、大谷翔平、山本由伸、佐々木朗希という輝かしい3人の日本人エースたちです。私は3人の選ばれし立ち位置とゲームチェンジャーとも言える存在感に敬意を表して「リーサル・ウェポン3」※2というニックネームをつけました。彼らのインパクトに議論の余地はありません。3人が同じチームに集結したことでMLB史上最も注目される先発ローテーションが誕生しました。その一方で、今永昇太はその支配的なピッチングだけでなく、周囲を惹きつける魅力的な性格やユーモアあふれる受け答えの数々でシカゴとMLBを席巻し、急速に人気を集めています。

次世代の日本人スターたちも、すでに名を上げ始めています。その筆頭である佐々木朗希は、102マイルの速球と衝撃的なスプリッターを武器に、わずか20歳で完全試合を達成し、続けざまに2試合連続完全試合※3の偉業に迫りました。この圧巻のパフォーマンスは野球界を驚かせ、日本の投手層の厚さを改めて印象づけました。

私は、佐々木がさも自然に圧倒的な投球をするのを見ていると、自分がなぜ投球分析に魅了されたのか、その原点を思い出します。過去のどんな偉大な投手も独自のスタイルを持っているからであり、その道へのアプローチを日本以上に体現している国はないからです。

日本野球は、最も美しく巧妙で支配的な投手たちを世界へ送り出しています。ピッチングを称える日々を送っている者として、私は日本人投手たちの野球に取り組む姿勢にこの上ない敬意を抱きます。それは単なるアスリートではなく、本物の職人としての姿勢です。野球への敬意、創造性と正確性を組み合わせる能力、そして絶え間ない向上心が日本人投手たちを何者にも代えがたい存在にしています。

彼らの輝きを世界中の野球ファンと共有できることは私の名誉です。次世代の投手たちが台頭する中、確かなことは、日本の投球術の芸術性は、今後もファンを魅了し、ベースボールを再定義し、打者を翻弄し続けるということでしょう。

2025年2月　ロブ・フリードマン

※1　ピッチデザイン（pitch design）
投手が持つ球種の軌道や変化を最適化し、より効果的な投球を実現するための技術やプロセスのこと。近年はトラックマンやラプソードなどの最新機器を活用しながら調整する手法が急速に進化し、普及している

※2　「リーサル・ウェポン3」
1987年に公開された大ヒットアクション映画『リーサル・ウェポン』にちなむ。同作は、メル・ギブソンとダニー・グローバー演じるLA市警二人が奮闘するバディもの。映画はシリーズ4まで制作され、テレビドラマ化もされた。リーサル・ウェポン(lethal weapon)は、致命的な武器、最終兵器といった意味

※3　2試合連続完全試合
2022年4月10日、佐々木朗希は対オリックス・バファローズ戦で、13者連続奪三振（NPB新記録、MLB含めてもタイ記録）、1試合19奪三振（NPBタイ記録）を記録し、史上最年少の20歳5か月で完全試合を達成。続く4月17日の対北海道日本ハムファイターズ戦でも8回まで完全投球だったが、当時の井口資仁監督が「まだシーズン序盤であり、将来を考えて無理はさせられない」と9回に降板させた。もし2試合連続完全試合を達成していたら、世界初の偉業になったと日米で議論を呼んだ

訳者あとがき

この本は、ピッチングニンジャことロブ・フリードマン氏にインタビュー取材を重ねて、制作しました。

ＭＬＢアナリストとして、インフルエンサーとして、実業家として、多忙な日々を送るフリードマン氏にとっても最適ということで実現したピッチングニンジャ初の著書です。初めての試みでしたが、普段から彼自身が説得力ある語り口で、奥深くも楽しい動画コンテンツを配信しているだけに、インタビューで語られる言葉はどれも明快で情報量が多く、口述筆記に近い形で著書にすることができました。

私自身はこれまで、細々とフリーランスでライターや翻訳者、インタビュワーとして経験を重ね、プロ野球やＭＬＢなど野球やベースボール周辺でも活動してきました。今回は元の原稿がある翻訳とは異なるかたちですが、これまで国内外の著名人やアスリートをインタビューして書いてきた原稿仕事のいわば〝長編〟

だと考え、いつも通りインタビュイーの言いたいこと、その人柄が伝わるよう心がけて翻訳し、文字にしています。ライティング、翻訳、インタビューの合わせ技になりますが、特に通常の翻訳では何度も著書や参考資料を読み漁るなどして、著者の表現したいことや人となりを摑むのに時間がかかるものを、今回のように著者本人との共同作業にすることで格段にその時間は割愛され、「なぜ著者がこのように語るのか」、「なぜこの言葉を選択したのか」が手に取るようにわかったことは、私にとって新しい体験で喜びでした。

実は、フリードマン氏が弁護士で彼自身が熟達したインタビュワーであることは良く知っていたので、最初はかなり恐れ多く感じました。しかし、実際にやり取りを始めて話してみると、テレビやＹｏｕＴｕｂｅで見る印象のままにロブは気さくで、毎回のインタビューは楽しく、ユニークな見識に驚かされながら、あっという間に時間が過ぎていきました。

本書にある数々の知見は、あまりに独特で新しいので、参考文献もありません。例えば、本書に繰り返し出てきたシームシフテッド・ウェイクもそうです。最もわかりやすい〝資料〟は、シームシフテッド・ウェイクを発見した航空宇宙工学者のバートン・スミス教授本人に、ロブが自らインタビューをして解説するYouTube動画でした。シームシフテッド・ウェイクのように、まだ日本で知られてもいない新しい物理現象を活用しながら、ダルビッシュ有や大谷翔平がスウィーパーなどの球種を磨いているとは衝撃の事実でした。理解や解釈が難しいときなど、ロブに質問を投げては、都度わかりやすく教えてもらったことも得難い経験です。

ロブはとにかく知識が豊富なので、次々と選手名、事例、具体例などが出てきます。できる限りありのまま伝えたかったので、日本に馴染みのない事柄や背景がより伝わるための詳細は注釈にしたためました。注釈も彼の言葉がより楽しめるよう、読みやすくなるよう工夫を凝らして作成しています。

アナリストと言うと一般には馴染みが薄く、通常は選手側やチーム側のみがかかわる専門家ですが、ロブはどんなファンすら敵わないほどにベースボールのすべてを愛し、あらゆるチームを尊重し、選手たちを応援する異色のスペシャリストです。折しも分断が進む世の中で、彼は選手やチームとファン、日本とアメリカを繋ぐ架け橋のような存在です。ピッチングニンジャというニックネームの誕生秘話で明かしたように、彼が日本の文化に深い関心を抱いていることは、私たち日本人にとって幸運なことです。

ロブは野球文化を敬愛し、日本人投手の職人技とも呼べる技術を、誰よりもわかりやすくアメリカのファンに伝えるだけでなく、時に多くのアメリカ人に「何を考えているかわかりにくい」と揶揄されがちな、日本人の性質についても誰よりも理解しようと努め、彼らの魅力を発信し続けているのです。

大谷翔平はじめ、日本で最もメジャーなスポーツである野球スターたちが、最高峰リーグであるＭＬＢで存在感を放つことは、日本の多くの人に希望を与えています。彼の言葉を紡いだ本書が、その楽しみに深みを与え、日々の活力の源となり、国境を超えた野球文化の発展に寄与することを心から願っています。

２０２５年２月４日　横浜の寓居にて　松山ようこ

ピッチングニンジャの投手論
Pitching Ninja's analysis of Japanese MLB Aces

発行日　2025年 3月 2日　初版第1刷発行

著者　ロブ・フリードマン
訳　松山ようこ
カバーデザイン・本文DTP　ダブリューデザイン
校閲　岩重 宏
写真　時事通信社
編集　遠藤修哉（週刊SPA! 編集部）
発行者　秋尾弘史
発行　株式会社 扶桑社
〒105-8070
東京都港区海岸1-2-20　汐留ビルディング
電話　03-5843-8194（編集）
03-5843-8143（メールセンター）
www.fusosha.co.jp
印刷・製本　中央精版印刷株式会社

定価はカバーに表示してあります。
造本には十分注意しておりますが、落丁・乱丁（本のページの抜け落ちや順序の間違い）の場合は、小社メールセンター宛にお送りください。送料は小社負担でお取り替えいたします（古書店で購入したものについては、お取り替えできません）。

ISBN978-4-594-09614-4